일본 입국어가 오겠습니다

ZERTIFIKAT DEUTSCH

독일어능력시험

실전모의고사

정은실 지음

A1

 동양북스

일 단 합 격 하 고 오 겠 습 니 다

독 일 어 능 력 시 험

실전모의고사

초판 인쇄 | 2020년 6월 10일
초판 발행 | 2020년 6월 20일

지은이 | 정은실
발행인 | 김태웅
기획 편집 | 김현아, 안현진, 이지혜
마케팅 | 나재승
제　작 | 현대순

발행처 | (주)동양북스
등　록 | 제 2014-000055호
주　소 | 서울시 마포구 동교로22길 14 (04030)
구입 문의 | 전화 (02)337-1737　팩스 (02)334-6624
내용 문의 | 전화 (02)337-1763　dybooks2@gmail.com

ISBN　979-11-5768-624-7　13750

ⓒ 2020, 정은실

이 도서의 국립중앙도서관 출판예정도서목록(CIP)은 서지정보유통지원시스템 홈페이지(http://seoji.nl.go.kr)와
국가자료공동목록시스템(http://www.nl.go.kr/kolisnet)에서 이용하실 수 있습니다.
(CIP제어번호:CIP2020019919)

Guten Tag! 안녕하세요!
Ich bin Dr. Deutsch. 독일어 박사입니다.

독일어 정복의 첫 걸음을 떼시고, 독일어 능력시험 A1 단계를 준비하게 되신 것을 축하드립니다. 독일어에 대한 수요와 인기가 날이 갈수록 많아지고 있습니다. 독일어는 유럽에서 가장 많이 사용되는 언어이기에 독일어를 할 줄 안다는 것은 글로벌시대에 여러분들에게 큰 강점이 될 수 있을 것입니다. 독일어 능력시험은 전 세계 모든 나라에서 인정되는 공식 독일어 자격시험입니다. 그동안 Goethe-Zertifikat이 시행된 후 정확한 출제 경향과 시험 준비 방법을 제시하는 기본 종합서가 출간되지 않아 많은 수험생들이 어려움을 호소했습니다. 이 책은 A1 시험에서 고득점을 받을 수 있도록 체계적으로 준비하는 것을 돕기 위해 집필된 책입니다.

〈일단 합격하고 오겠습니다. 실전 모의고사 A1〉은 Goethe-Zertifikat 시리즈 6가지 단계 중 1번째 단계 모의고사 문제집입니다. A1 단계는 현지에서 자주 반복되는 다양한 일상 상황에서 사용되는 친숙한 독일어 표현을 이해하고 활용할 수 있는 능력을 평가하는 단계입니다. A1을 가장 낮은 단계라고 쉽게 생각할 수도 있지만 4가지 영역(Hören(듣기), Lesen(읽기), Schreiben(쓰기), Sprechen(말하기))으로 구성되어 있으며 전문적으로 평가하기 때문에 영역별 유형을 정확하게 파악하고 전략적으로 접근할 필요가 있습니다.

여러분들은 실제 시험장에서 받아보는 시험과 최대한 유사한 유형의 모의시험을 보게 될 것입니다. 이 책에는 3회 분량의 모의고사 문제를 실었습니다. 문제 이외에도 수험생들의 탄탄한 독일어 실력 및 목표 달성을 위하여 듣기 및 말하기 영역의 예시 답안을 연습하고 반복할 수 있도록 원어민이 녹음한 MP3 음원을 첨부하였습니다. 그리고 영역별로 문제를 풀어본 다음 어휘를 암기하는 것을 돕는 부분도 있습니다. 말하기 시험을 대비하기 위해서, 실제 시험 현장을 재구성한 모의 영상자료를 수록하여 두려움 없이 말하기 시험을 준비할 수 있게 하였습니다.

본 책은 국내 최초의 A1 시험 준비용 교재입니다. 독일어 능력시험을 준비하는 많은 분들께 큰 도움이 되었으면 좋겠습니다. 독일어 시험을 준비하는 수험생들이 보다 효율적이고 경제적으로 시험을 준비하고 원하시는 결과를 얻을 수 있도록 계속해서 최선을 다할 것입니다.

이 책을 이용하는 수험생 모두에게 좋은 결과가 있으시기 바랍니다.

마지막으로 이 책의 출판에 도움을 주신 동양북스 김태웅 사장님과 편집부 직원분들께 이 자리를 빌어 감사드립니다.

2020년 5월
저자 정은실

차례 Inhaltsverzeichnis

괴테자격증 (Goethe-Zertifikat) 소개

괴테자격증은 Goethe-Institut(독일문화원)의 독일어 능력시험으로, 전 세계적으로 공신력을 인정받는 독일어 능력 평가 시험입니다.

1. 종류

괴테자격증은 언어 분야의 유럽공통참조기준(CEFR)에 맞추어 각 수준별 단계에 따라 초보자 수준인 A1, A2 단계에서부터 중급 수준인 B1, B2 그리고 가장 높은 수준인 C1, C2 단계까지 총 6 단계의 자격증이 있습니다.

2. 원서 접수 및 결과 확인

1) 원서 접수
   * A1 - C2 단계의 독일어 능력시험 접수는 온라인으로만 가능합니다.
   * 온라인 신청 시 모든 정보는 알파벳으로 작성해야 합니다. (주한독일문화원은 올바르게 작성되지 않은 응시 원서에 대해 책임을 지지 않습니다.)
   * 온라인 접수는 아래의 순서로 진행됩니다. 온라인 접수 → 접수 완료 메일 발송 → 수험료 입금 → 입금 확인 & 시험 안내 메일 발송 순으로 진행됩니다.

2) 결과 공지
   결과는 공지된 일자에 온라인으로 직접 조회할 수 있습니다.

3. 준비물

1) 유효한 신분증: 주민등록증, 운전 면허증, 기간 만료 전인 여권.
2) 수험표
3) 허용된 필기도구(흑색 또는 청색 볼펜, 만년필)

Goethe-Zertifikat B1 소개

Goethe-Zertifikat A1은 성인을 위한 독일어 시험과 청소년을 위한 시험(Goethe-Zertifikat A1 Fit in Deutsch)으로 나뉩니다. 기본적인 어학 능력을 기초로 하며, 유럽공통참조기준(GER)이 정하는 총 6단계의 능력 척도 중 첫 번째 단계(A1)에 해당됩니다.

> 참고   A1의 성인 시험(SD A1)과 청소년 시험(Fit A1)은 난이도의 차이는 없으나, 시험 문제에서 다루는 주제의 차이는 있습니다. 청소년용 시험은 보통 만 12-16세 청소년을 위한 것이며, 시험의 합격증 형태는 성인의 것과 동일합니다. 요즘 국내에서는 청소년들도 SD(Start Deutsch) 시험을 치고 있는 추세입니다.

1. 응시 대상

괴테 자격시험 A1은 독일 국적 유무에 관계없이 누구나 응시할 수 있습니다. 기초 수준의 독일어 실력을 증명하고자 하는 자, A1 단계의 수료를 원하는 자, 혹은 세계적으로 인증된 공식 증명서를 원하는 자들이 응시할 수 있습니다. 예전에 비해 난이도가 어려워져서 시험 대비를 하면서 독일어 기초를 다지기 아주 좋은 시험입니다.

2. 시험 구성

시험 과목	문제 형식	시험 시간
듣기	일상 대화, 안내 및 라디오 인터뷰, 전화 메시지, 공공장소의 안내 방송을 듣고 그와 관련된 다양한 문제를 풉니다.	약 20분
읽기	짧은 본문(편지, 광고) 등을 읽고 그와 관련된 문제를 풉니다.	약 25분
쓰기	서식 용지의 빈칸을 채우고, 짧은 문단을 작성합니다.	약 20분
말하기	질문과 답변을 통해 자신의 생활을 소개하고, 파트너와 함께 주제에 대해 질문을 하고 답을 합니다. (질문과 부탁문)	약 15분

참고 영역마다 15점이 배정되고 최종적으로 1.66의 환산지수가 곱해져 총 25점으로 변환되어 최종 시험 성적에 표기됩니다. 시험은 총 100점 만점이며, 시험에 합격하기 위해서는 적어도 60점 이상을 받아야 합니다.

3. 채점 및 성적

• 시험 성적은 2인의 시험관/채점관에 의해 독립적으로 채점됩니다. 필기시험에서는 허용된 필기도구(흑색 또는 청색 볼펜, 만년필)로 작성된 표시 및 텍스트만 채점됩니다.

• 응시자는 본 시험 합격을 통해 가까운 주변 환경과 관련된 문장 및 자주 사용하는 표현들(예: 본인 및 가족에 관한 정보, 쇼핑, 직업, 가까운 사람이나 장소에 대한 정보)을 이해할 수 있음을 증명해야 합니다. 또한 간단하고 반복되는 상황에서 익숙하고 보편적인 주제에 대해 의사소통을 할 수 있고, 자신의 출신/학력/가까운 주변 환경 및 직접적 요구/부탁과 관련된 내용들을 말할 수 있음을 입증해야 합니다.

출처 https://www.goethe.de/ins/kr/ko/spr/prf/sd2.html

듣기 영역 정복하기

1. 듣기 영역 알아보기

듣기 영역 문제 풀이를 위해서는 짧은 본문을 듣고 자주 사용되는 단어들을 빠르게 이해하는 능력이 요구됩니다. 간단한 인적사항, 가족관계, 직업, 쇼핑, 인간관계 등에 대한 정보들을 이해할 수 있어야 하며, 짧은 안내방송을 듣고 이해할 수 있는 능력이 요구됩니다.

2. 유형 구분

듣기 영역은 3가지 유형으로 구성되어 있으며, 유형 1은 6개, 유형 2는 4개, 유형 3은 5개 총 15개의 문제로 구성 되어있습니다. 제한 시간은 20분입니다.

- **유형1 (6점)**

  두 사람의 대화가 지문으로 제시됩니다. 대화 속 상황과 알맞은 그림을 연결하세요. 각 본문은 두 번씩 들려줍니다.

- **유형2 (4점)**

  4개의 짧은 지문(라디오 방송, 기차역 안내 방송)이 나오며 각 지문마다 하나의 문제가 주어집니다. 각 지문의 내용과 문제의 내용이 일치하면 Richtig, 일치하지 않으면 Falsch를 골라 ✕ 표시를 해야 합니다. 각 지문은 한 번씩 들려줍니다.

- **유형3 (5점)**

  5개의 지문이 전화상의 독백으로 제시되며 각 지문마다 하나의 문제가 주어집니다. 각 문제에 대한 정답을 골라 ✕ 표시를 해야 합니다. 각 지문은 2번씩 들려줍니다.

3. 듣기 영역 한눈에 보기

유형	영역	본문 유형	문제 유형	점수
1	대화 듣고 이해하기	짧은 대화	객관식	6
2	정보 듣고 파악하기1	안내 방송 (기차/공항/백화점 등)	객관식	4
3	정보 듣고 파악하기2	전화상의 독백 (회사/병원/친구 등)	객관식	5

4. 시간 및 채점

- 시험 시간은 총 20분이며, 시간 내에 답안지에 작성해야 합니다.
- 듣기 문제는 총 15개가 있습니다. 먼저 빠르게 질문을 파악하면서 읽어 보세요. 그 다음 지문을 듣고 답하세요.
- 듣기 영역은 총 15문제가 출제되며 각 문제당 1점으로 총 15점이 배정됩니다.
- 최종적으로 1.66의 환산 지수가 곱해져 총 25점으로 변환되어 최종 시험 성적이 됩니다.
- 본문마다 하나의 질문에 대답하게 되며, 사전, 핸드폰, 메모 등은 사용할 수 없습니다.

읽기 영역 정복하기

1. 읽기 영역 알아보기

읽기 영역 문제 풀이를 위해서는 짧은 본문을 읽고 이해하는 능력, 일상생활에 관련된 본문을 읽고 정보를 이해하는 능력, 짧고 간단한 편지 등을 이해하는 능력이 요구됩니다.

2. 유형 구분

읽기 영역은 3가지 유형으로 구성되어 있으며, 하나의 유형마다 5개의 문제가 주어집니다. 제한 시간은 30분입니다.

- 유형1 (5점)
  두 개의 편지와 함께 5개의 문제가 주어집니다. 각 질문별로 알맞은 답에 ✕ 표시를 합니다. (정답에 ✕ 표시를 하는 것이니 헷갈리지 마세요!)

- 유형2 (5점)
  두 개의 인터넷 광고문과 하나의 상황이 주어집니다. 각 정보와 일치하는 답에 ✕ 표시를 합니다.

- 유형3 (5점)
  5개의 짧은 벽보가 지문으로 주어집니다. 지문의 내용과 주어진 문장이 일치하는지 확인하고, 옳으면 Richtig, 틀리면 Falsch에 ✕ 표시를 합니다.

3. 읽기 영역 한눈에 보기

유형	영역	본문 유형	포인트	문제 유형	점수
1	편지 이해	편지	주제와 중요한 관점 위주로 이해	객관식	5
2	방향성 이해	광고	세부적으로 이해, 메뉴얼의 내용 숙지	객관식	5
3	정보 이해	벽보	주제와 중요한 관점 위주로 이해	객관식	5

4. 시간 및 채점

- 시험 시간은 약 25분이며, 시간 내에 답안지에 기입해야 합니다.
- 읽기 영역은 총 15문제가 출제되며 각 문제당 1점으로 총 15점이 배정됩니다.
- 최종적으로 1.66의 환산 지수가 곱해져 총 25점으로 변환되어 최종 시험 성적이 됩니다.
- 본문마다 하나의 질문에 대답하게 되며, 사전, 핸드폰, 메모 등은 사용할 수 없습니다.

쓰기 영역 정복하기

1. 쓰기 영역 알아보기

쓰기 영역은 2가지 유형으로 구성되어 있으며 유형마다 하나의 문제가 주어집니다. 유형 1은 본문을 읽고 서식에 있는 5개의 정보를 채워 넣는 것이고 유형 2는 소식을 전달하는 짧은 내용의 메일이나 편지를 작성하는 것입니다. 쓰기 영역에서는 수험자의 어휘력과 올바른 문법 사용 능력을 평가합니다.

2. 유형 구분

쓰기 영역은 2가지 유형으로 구성되어 있으며 유형마다 하나의 문제가 주어집니다. 최소한 30개 이상의 단어를 사용해야 합니다. 제한 시간은 20분입니다.

- 유형1 (5점)

  친구나 지인에게 제시문을 포함하여 소식을 전달해야 합니다. 보통 짧은 문자메시지 형식의 글을 작성하면 됩니다. (존칭이 아닌 *duzen 사용)

  *duzen : 친구 혹은 지인에게 편하게 말을 놓고, du의 호칭을 사용하는 것을 말합니다.

- 유형2 (10점)

  지인에게 소식(문자, 메일 아니면 편지)을 전달해야 합니다. 쉬운 형식의 편지글을 쓰는 것이 좋습니다. 예를 들어 누군가에게 사과하거나, 감사를 전하는 글이면 됩니다. (존칭 사용 *siezen)

  *siezen : Sie라는 호칭을 사용하는 것을 말합니다. 초면이거나 형식적인, 공식적인 관계나 자리에서 사용됩니다.

3. 쓰기 영역 한눈에 보기

유형	영역	본문 유형	포인트	문제 유형	점수
1	정보 이해	서식	주어진 짧은 지문을 읽고, 신청 서식을 완성합니다.	주관식	5
2	정보 전달	편지	정보를 전달하는 짧은 글을 작성합니다.	주관식	10

4. 시간 및 채점

- 시험 시간은 총 20분이며, 두 유형의 문제를 주어진 시간 내에 배분하여 작성해야 합니다.
- 쓰기 영역에는 총 15점이 배정됩니다. 첫 번째 유형은 주어진 문제에 답을 정확하게 작성하였을 때에 각 1점씩 총5점을 받을 수 있습니다. 두 번째 유형은 주어진 3개의 제시문이 모두 포함되면 5점을, 나머지 5점은 어휘 및 문법으로 평가됩니다.
- 최종적으로 1.66의 환산 지수가 곱해져 총 25점으로 변환되어 최종 시험 성적이 됩니다.
- 사전, 핸드폰, 메모 등은 사용할 수 없습니다.

말하기 영역 정복하기

말하기
샘플영상
▶

1. 말하기 영역 알아보기

말하기 시험은 두 명의 시험 참가자와 두 명의 시험관이 함께 진행합니다.
준비 시간은 따로 없으며 과제를 받은 후 시험이 바로 시작됩니다.
말하기 영역은 자기소개하기, 인적사항이나 일상적인 내용과 관련된 질문과 대답하기,
무엇인가를 부탁하고 그 부탁에 대한 대답하기로 이루어져 있습니다.

2. 유형 구분

말하기는 총 3가지 유형으로 되어 있고 25점 만점입니다. 시험은 15분 정도 진행되며,
참여자마다 대략 7분 정도 소요됩니다.

- 유형1 (3점)

  시험관 앞에서 자신을 소개합니다. 시험관이 질문을 하면, 이름, 나이, 나라, 사는 곳, 언어,
  직업, 취미 등등에 대하여 자신을 소개합니다. 시간은 2분이 넘지 않게 진행됩니다.

- 유형2 (6점)

  하나의 주제가 적힌 카드를 받습니다. 파트너와 함께 주제와 관련하여 질문하고 답변합니다.

- 유형3 (6점)

  두 장의 카드를 받고, 각 카드마다 두 가지의 부탁을 합니다. 당신의 파트너는 당신이 한
  부탁에 대해 대답을 해야 합니다.

3. 말하기 영역 한눈에 보기

유형	영역	말하기 유형	형태와 성격	시간
1	자기소개	독백	자신을 소개하기	2분
2	질문과 대답	대화	하나의 주제를 가지고 파트너와 질문 및 답변하기	3~4분
3	부탁과 대답	대화	그림이 그려진 카드를 받고, 연관된 부탁을 하고 대답하기	3~4분

4. 시간 및 채점

- 시험은 약 15분 동안 진행됩니다. (Teil 1 약 1~2분, Teil 2 약 3~4분, Teil 3 약 3~4분)
- Teil 1은 3점, Teil 2와 Teil 3은 각 6점 만점이며 총 15점을 받을 수 있습니다.
- 최종적으로 1.66의 환산 지수가 곱해져 총 25점으로 변환되어 최종 시험 성적이 됩니다.
- 사전, 핸드폰, 메모 등은 사용할 수 없습니다.

이 책의 구성 inhalt

실전 모의고사 3회분

실제 시험을 연습할 수 있는 모의고사가 3회분 수록되어 있으며 시험마다 4가지 영역으로 구성되어 있습니다. 영역별로 시간을 재면서 풀면 실전 연습에 도움이 됩니다. 듣기(20분), 읽기(25분), 쓰기(20분), 말하기(약 15분/참가자마다 대략 4분).

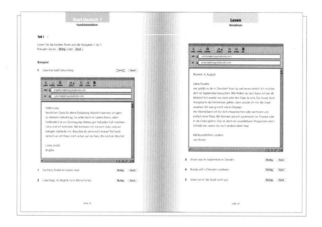

듣기 활동지 + 주요 단어 리스트

듣기 영역의 음원을 들으면서 빈칸을 채워 보는 듣기 활동지가 있습니다. 정확하게 듣고 쓸 수 있는 능력을 기르는 데 도움이 됩니다.

모의고사 각 회마다 주요 단어를 정리해 두었습니다. 문제에서 나온 단어들은 틈틈이 복습하고 시험 보기 전 최종 점검용으로 활용할 수 있습니다.

정답 및 해설

문항의 정답과 한국어 해석, 독일어 단어가 정리되어 있습니다. 틀린 부분을 반드시
확인하고 이해해야 실력이 향상됩니다.

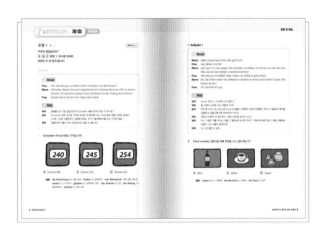

※ 이 책의 한국어 해석은 독일어의
어휘와 문법 구조를 최대한 살려
직역하였습니다.

별책부록

MP3 CD 원어민의 음성으로 녹음된 듣기, 말하기 영역 MP3 CD가 무료 제공됩니다.
동양북스 홈페이지(www.dongyangbooks.com) 자료실에서도 다운로드 받을 수 있습니다.

미니 핸드북 듣기 Skript와 말하기 예시 답안, 모의고사 주요 단어 리스트가 정리되어 있습니다.
가볍게 가지고 다니면서 음원을 들으며 어디에서나 공부할 수 있습니다.

이 책은 A1 모의고사 3회분으로 구성되어 있습니다.
모의고사 문제를 풀고 해설을 공부한 후 플래너에 기록해 보세요.
체크 칸에는 점수나 성취도를 표시해서 부족한 부분을 확인하세요.

1회차 학습	1회			2회			3회		
	영역	날짜	체크	영역	날짜	체크	영역	날짜	체크
Hören	Teil 1			Teil 1			Teil 1		
	Teil 2			Teil 2			Teil 2		
	Teil 3			Teil 3			Teil 3		
	활동지			활동지			활동지		
Lesen	Teil 1			Teil 1			Teil 1		
	Teil 2			Teil 2			Teil 2		
	Teil 3			Teil 3			Teil 3		
Schreiben	Teil 1			Teil 1			Teil 1		
	Teil 2			Teil 2			Teil 2		
Sprechen	Teil 1			Teil 1			Teil 1		
	Teil 2			Teil 2			Teil 2		
	Teil 3			Teil 3			Teil 3		

복습은 선택이 아닌 필수!
틀린 문제를 다시 한 번 풀면서 공부해 보세요.
놓쳤던 표현과 단어를 꼼꼼하게 정리하면서 실력이 올라갑니다.

2회차 학습	1회			2회			3회		
	영역	날짜	체크	영역	날짜	체크	영역	날짜	체크
Hören	Teil 1			Teil 1			Teil 1		
	Teil 2			Teil 2			Teil 2		
	Teil 3			Teil 3			Teil 3		
	활동지			활동지			활동지		
Lesen	Teil 1			Teil 1			Teil 1		
	Teil 2			Teil 2			Teil 2		
	Teil 3			Teil 3			Teil 3		
Schreiben	Teil 1			Teil 1			Teil 1		
	Teil 2			Teil 2			Teil 2		
Sprechen	Teil 1			Teil 1			Teil 1		
	Teil 2			Teil 2			Teil 2		
	Teil 3			Teil 3			Teil 3		

제1회

실전
모의고사

A1

Kandidatenblätter

Hören
circa 20 Minuten

Dieser Test hat drei Teile. Sie hören
kurze Gespräche und Ansagen.
Zu jedem Text gibt es eine Aufgabe.
Lesen Sie zuerst die Aufgabe,
hören Sie dann den Text dazu.

Kreuzen Sie die richtige Lösung an.

Schreiben Sie zum Schluss Ihre
Lösungen auf den **Antwortbogen.**

Teil 1 ● ● ●

MP3 01_01

Was ist richtig?

Kreuzen Sie an: a , b oder c .

Sie hören jeden Text **zweimal.**

Beispiel

0   Welche Zimmernummer hat Herr Schneider?

a Zimmer 240.   b Zimmer 245.   ☒ Zimmer 254.

vom Goethe-Institut

Hören

Modellsatz

1 Was wollen Tim und Leonie für die Hochzeit schenken?

a Wein   b Kaffee   c Tassen

2 Wohin soll Martin kommen?

a Bushaltestelle   b Kaufhaus   c Museum

3 Wie ist die Telefonnummer?

a 03733 0 00   b 03633 8 00   c 03733 8 00

4 Wann schließt die Bank?

a 3 Uhr 30   b 4 Uhr 30   c 5 Uhr 30

5 Wie lange braucht man mit dem Bus?

a 90 Minute   b 1 Stunde   c 40 Minute

6 Was für eine Werbung ist das?

  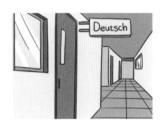

a Markt   b Praxis   c Deutschkurs

Hören

Teil 2 ● ● ●

MP3 01_02

Kreuzen Sie an: [Richtig] oder [Falsch].
Sie hören jeden Text **einmal.**

Beispiel

0 Die Reisende soll zur Information in Halle C kommen.   ~~Richtig~~   *Falsch*

vom Goethe-Institut

7 Die Sprechstunde ist Montagnachmittag und   Richtig   *Falsch*
Mittwochnachmittag von 13.00 bis 17.00 Uhr.

8 Heute ist die Herrenkleidung billig.   Richtig   *Falsch*

9 Die Züge kommen nicht pünktlich an.   Richtig   *Falsch*

10 Die Frau soll aus dem Bus aussteigen.   Richtig   *Falsch*

Teil 3 ● ● ●

MP3 01_03

Was ist richtig?
Kreuzen Sie an: a, b oder c.
Sie hören jeden Text **zweimal.**

11 Wofür braucht der Mann die Schuhe?

a Für Sport
b Für die Arbeit
c Für eine elegante Party

12 Wo treffen sich die Mädchen?

a Vor der Bank
b Vor der Post
c Vor dem Buchgeschäft

13 Was will die Frau zusammen machen?

a Hausaufgaben machen
b Einkaufen gehen
c In die Uni gehen

14 Wie ist die Adresse?

a Berliner Straße 34
b Augsburgerstraße 32
c Augsburgerstraße 34

15 Wo trifft sich Jakob mit Maria?

a Am Eingang
b Im Zimmer 114
c Im Zimmer 214

Ende des Tests Hören.
Schreiben Sie jetzt Ihre Lösungen 1 bis 15 auf den **Antwortbogen.**

Kandidatenblätter

Lesen
Schreiben
circa 45 Minuten

Lesen, circa 25 Minuten
Dieser Test hat drei Teile.
Sie lesen kurze Briefe, Anzeigen etc.
Zu jedem Text gibt es Aufgaben.
Kreuzen Sie die richtige Lösung an.

Schreiben, circa 20 Minuten
Dieser Test hat zwei Teile.
Sie füllen ein Formular aus und
schreiben einen kurzen Text.

Schreiben Sie zum Schluss Ihre
Lösungen auf den **Antwortbogen.**
Wörterbücher sind nicht erlaubt.

Teil 1 • ● ●

Lesen Sie die beiden Texte und die Aufgaben 1 bis 5.
Kreuzen Sie an: Richtig oder *Falsch*.

Beispiel

0   Luisa hat bald Geburtstag.   R̶i̶c̶h̶t̶i̶g̶   *Falsch*

1   Die Party findet im Garten statt.   Richtig   *Falsch*

2   Luisa fragt, ob Brigitte noch Wünsche hat.   Richtig   *Falsch*

Zurück   Vorwärts   Startseite   Suchen   Bilder   Drucken   Stop

von   antonio@dongyangbooks.com

an   jenjens@dongyangbooks.com

Bremen, 4. August

Liebe Rosalie,

wie gefällt es dir in Dresden? Hast du viel neues erlebt? Ich möchte
dich im September besuchen. Wie findest du das? Kann ich bei dir
bleiben? Ich werde nur zwei oder drei Tage da sein. Du musst doch
morgens in die Universität gehen, dann würde ich mir die Stadt
ansehen. Ich war ja noch nie in Dresden.
Am Abend kann ich für dich etwas kochen oder wir holen uns
einfach eine Pizza. Wir können danach zusammen ins Theater oder
in die Disko gehen. Das ist doch ein wunderbares Programm oder?
Schreib mir, wenn du noch andere Ideen hast.

Mit freundlichen Grüßen
von Anton

3   Anton war im September in Dresden.   Richtig   *Falsch*

4   Rosalie will in Dresden studieren.   Richtig   *Falsch*

5   Anton kennt die Stadt nicht gut.   Richtig   *Falsch*

Teil 2 ● ● ●

Lesen Sie die Texte und die Aufgaben 6 bis 10.

Wo finden Sie die Informationen? Kreuzen Sie an: a oder b.

Beispiel

0 Sie sind in Köln und möchten am Abend in Frankfurt sein. Sie möchten mit dem Zug fahren.

vom Goethe-Institut

☒ www-reiseauskunft-bahn.de

b www.reiseportal.de

6 Sie möchten wissen: Wo scheint heute in Deutschland die Sonne?

a www.stadt-service.de

b www.sonnen-reise.de

7 Sie möchten heute Abend in Ruhe in einem eleganten Restaurant essen. Heute ist Montag.

a www.italien-franz.de

b www.restaurant-asia.de

8 Sie möchten für den Urlaub ein Apartment am Meer mieten.

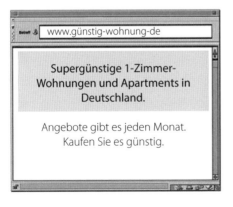

a www.günstig-wohnung-de

b www.verkehrsmittel-vrr.de

9 Sie suchen ein Apartment in Bremen.

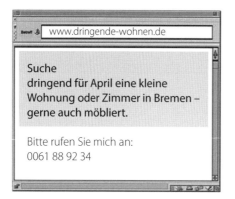 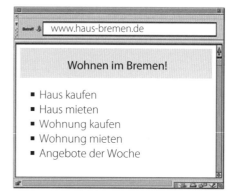

[a] www.dringende-wohnen.de

[b] www.haus-bremen.de

10 Sie suchen für Ihren Freund eine Arbeit. Er hat keinen Führerschein.

 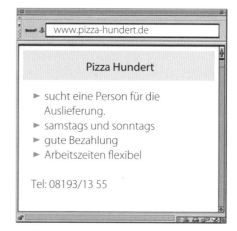

[a] www.mitarbeiter-gesucht.de

[b] www.pizza-hundert.de

Teil 3 • • •

Lesen Sie die Texte und die Aufgaben 11 bis 15.
Kreuzen Sie an: Richtig oder *Falsch* .

Beispiel   An der Tür der *Sprachschule*

0   Zum Deutsch Lernen gehen Sie in die Beethovenstraße 23.   Richtig   *Falsch*

vom Goethe-Institut

SPRACHZENTRUM

Das Sprachzentrum ist umgezogen.
Sie finden uns jetzt in der
Beethovenstr. 23

11   An der Tür eines *Restaurants*

Kommen Sie zum „OLIVO"
Restraurant

Sucht 3 Kellner / Kellnerinnen

Wechselnde Arbeitszeiten,
von 17 bis 20 Uhr oder
von 20 bis 23 Uhr

Gerne auch Studenten/Studentinnen

Die Arbeitszeit ist immer von 17 Uhr bis 23 Uhr.   Richtig   *Falsch*

12 In einem *Kaufhof*

> # In dem gesamten Kaufhof
> # ist Rauchen verboten!

Sie dürfen hier ab und zu rauchen. Richtig *Falsch*

13 An der Tür der *Schule*

> ## Sehr geehrte Eltern!
> Am Freitag haben wir Elternabend.
> Wir hoffen, dass alle Eltern an diesem
> Abend kommen können.
>
> Bitte nicht vergessen: Freitag, 17.00 Uhr.

Am Freitag treffen sich die Schüler mit den Lehrern. Richtig *Falsch*

14 An einem *Schuhgeschäft*

Wir ziehen um!

Unser Geschäft finden Sie ab nächster
Woche in der Alexander Straße 15.

Schon heute können Sie in der Alexander Straße 15
Schuhe kaufen.

| Richtig | | *Falsch* |

15 Im Fenster eines *Kaufhauses*

Sonderaktion 20%
Weniger zahlen!

Ostern steht vor der Tür.
Haben Sie schon alles vorbereitet?

Ab übermorgen alles für den halben Preis.

Vor Ostern gibt es große Ermäßigung.

| Richtig | | *Falsch* |

Teil 1 •

Ihre Freundin, Carmela Willhelm, macht mit ihrem Mann und ihren beiden Töchtern (4 und 8 Jahre alt) Urlaub in Wien. Im Reisebüro bucht sie für den nächsten Sonntag eine Busfahrt nach Paris. Frau Willhelm hat keine Kreditkarte.

In dem Formular fehlen fünf Informationen. Helfen Sie Ihrer Freundin und schreiben Sie die fünf Informationen in das Formular. Am Ende schreiben Sie Ihre Lösungen bitte auf den **Antwortbogen.**

PARIS - RUNDFAHRT

Anmeldung

Name :	Carmela Willhelm	(0)
Anzahl der Personen :		(1)
Davon Kinder :		(2)
Urlaubsadresse :	Hôtel Alyss Saphir	
Postleitzahl, Urlaubsort :	75001	(3)

Der Reisepreis ist mit der Anmeldung zu bezahlen.

Zahlungsweise :	☐ bar (mit Quittung)	(4)
	☐ Kreditkarte	
Reisetermin :		(5)
Unterschrift :	*Carmela Willhelm*	

Teil 2 • •

Ihr Freund Christian Schmitz will Sie nächste Woche besuchen. Schreiben Sie eine E-mail.

— Sie können Ihren Freund nicht abholen.
— Wie kommt Ihr Freund zu Ihrer Wohnung.
— Jemand ist zu Hause.

Schreiben Sie zu jedem Punkt ein bis zwei Sätze auf den Antwortbogen (circa 30 Wörter). Schreiben Sie auch eine Anrede und einen Gruß.

Kandidatenblätter

Sprechen
circa 15 Minuten

Dieser Test hat drei Teile.

Sprechen Sie bitte in der Gruppe.

Teil 1 ● ● ● Sich vorstellen.

Name?

Alter?

Land?

Wohnort?

Sprachen?

Beruf?

Hobby?

Teil 2 ● ● ○   Um Informationen fragen und Informationen geben.

A

Start Deutsch 1	Sprechen Teil 2
Übungssatz 01	Kandidatenblätter
Thema: Reisen	

Auto

Start Deutsch 1	Sprechen Teil 2
Übungssatz 01	Kandidatenblätter
Thema: Reisen	

Länder

Start Deutsch 1	Sprechen Teil 2
Übungssatz 01	Kandidatenblätter
Thema: Reisen	

Hotel

Start Deutsch 1	Sprechen Teil 2
Übungssatz 01	Kandidatenblätter
Thema: Reisen	

Wohin...?

Start Deutsch 1	Sprechen Teil 2
Übungssatz 01	Kandidatenblätter
Thema: Reisen	

Mit wem...?

Start Deutsch 1	Sprechen Teil 2
Übungssatz 01	Kandidatenblätter
Thema: Reisen	

Stadtplan

B

Start Deutsch 1	Sprechen Teil 2
Übungssatz 01	Kandidatenblätter
Thema: Hobby	

Wochenende

Start Deutsch 1	Sprechen Teil 2
Übungssatz 01	Kandidatenblätter
Thema: Hobby	

Musik

Start Deutsch 1	Sprechen Teil 2
Übungssatz 01	Kandidatenblätter
Thema: Hobby	

Fußball

Start Deutsch 1	Sprechen Teil 2
Übungssatz 01	Kandidatenblätter
Thema: Hobby	

Lieblingssport

Start Deutsch 1	Sprechen Teil 2
Übungssatz 01	Kandidatenblätter
Thema: Hobby	

malen

Start Deutsch 1	Sprechen Teil 2
Übungssatz 01	Kandidatenblätter
Thema: Hobby	

Schwester

Sprechen

Modellsatz

Teil 3 • • •   Bitte formulieren und darauf reagieren.

A

Goethe-Zertifikat A1	Sprechen Teil3
Modellsatz	Kandidatenblätter

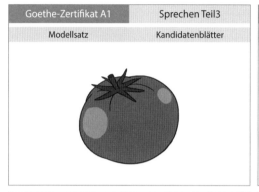

Goethe-Zertifikat A1	Sprechen Teil3
Modellsatz	Kandidatenblätter

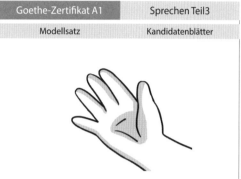

Goethe-Zertifikat A1	Sprechen Teil3
Modellsatz	Kandidatenblätter

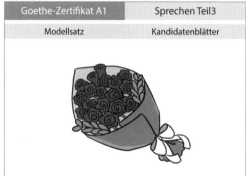

Goethe-Zertifikat A1	Sprechen Teil3
Modellsatz	Kandidatenblätter

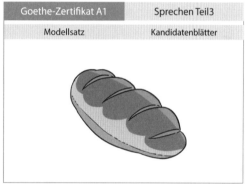

Goethe-Zertifikat A1	Sprechen Teil3
Modellsatz	Kandidatenblätter

Goethe-Zertifikat A1	Sprechen Teil3
Modellsatz	Kandidatenblätter

B

Goethe-Zertifikat A1	Sprechen Teil3
Modellsatz	Kandidatenblätter

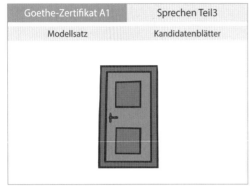

Goethe-Zertifikat A1	Sprechen Teil3
Modellsatz	Kandidatenblätter

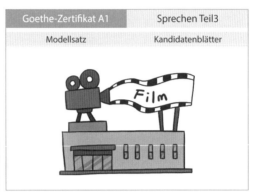

Goethe-Zertifikat A1	Sprechen Teil3
Modellsatz	Kandidatenblätter

Goethe-Zertifikat A1	Sprechen Teil3
Modellsatz	Kandidatenblätter

Goethe-Zertifikat A1	Sprechen Teil3
Modellsatz	Kandidatenblätter

Goethe-Zertifikat A1	Sprechen Teil3
Modellsatz	Kandidatenblätter

Teil 1 • • •

▶ **Beispiel**

Frau Ach, ① _____, wo finde ich Herr Schneider vom Betriebsrat?

Mann Schneider. Warten Sie mal. Ich glaube, der ist in Zimmer Nummer 254. Ja, stimmt, Zimmer 254. Das ist ② _____ _____ _____. Da können Sie den Aufzug dort nehmen.

Frau Zweiter Stock, Zimmer 254. Okay, vielen Dank.

▶ **Aufgabe 1**

Mann Hallo Leonie, hier ist Tim. ① _____ _____ _____?

Frau Gut, danke. Und dir?

Mann Ganz gut. Ich rufe wegen der Hochzeit von Maria und Simon an. Hast du eine Idee, was wir den beiden schenken könnten?

Frau ② _____ _____ _____ mit Kaffee? Oder trinken sie vielleicht gerne Wein?

Mann Nö. Die trinken lieber Tee. ③ _____ schenken wir ihnen zwei schöne Tassen. ④ _____ _____ _____ _____?

Frau Oh, das finde ich gut.

Mann	Hallo, Julia.
Frau	Mensch, Martin! Wo bleibst du denn? ① _____ du ② _____ , dass wir ins Museum gehen wollen? Es ist schon halb elf.
Mann	Ja, ich weiß. Ich ③ _____ gerade erst raus ④ _____. Ich stehe hier an der Bushaltestelle. Was soll ich denn jetzt machen? Sollen wir nächstes mal hingehen?
Frau	Was? Die Austellung ist so toll, die ⑤ _____ ich schon lange sehen. Du ⑥ _____ jetzt den Bus zum Zentrumplatz. Ich kaufe die Eintrittskarten und wir treffen uns im Kaufhaus. Ich ⑦ _____ an der Kasse auf dich, okay?
Mann	Ja gut, da kommt der Bus, bis gleich!

▶ **Aufgabe 3**

Hier ist die Reparaturwerkstatt Max Meyer. Unser Telefon ① _____ im Moment ② _____. Sie können eine Nachricht ③ _____ oder Sie können uns unter folgender Telefonnummer 03733 8 00 ④ _____.

▶ **Aufgabe 4**

Frau	Ich möchte Geld auf die „Deutsche Bank" ① _____.
Mann	Füllen Sie bitte dieses Formular aus.
Frau	Ich habe ein Problem. Ich finde die Kontonummer ② _____ _____!
Mann	Tut mir leid, dann können wir gar nichts machen.
Frau	Wie lange haben Sie geöffnet? Ich kann vielleicht die Nummer herausfinden.
Mann	Bis ③ _____ _____.

Frau   Ja, das geht. Ich komme sofort wieder, jetzt ist es ja erst ④ _____

_____.

Mann   Gut, bis später.

▶ **Aufgabe 5**

Mann   Ich möchte mit dem Bus nach Düsseldorf fahren. Ist das möglich?

Frau   Ja, das dauert aber lange. Sie können mit der S-bahn fahren, das ist

sehr ① _____ , dann sind Sie ② _____ _____ _____ in

Düsseldorf. Mit dem Zug geht es sogar noch ③ _____: nur 40

Minuten, aber der Zug fährt nicht so oft.

Mann   Nein, ich möchte lieber ④ _____ _____ _____.

Frau   Wie Sie wollen. Der Bus fährt um 9 Uhr am Hauptbahnhof ab. In

einer Stunde und 30 Minuten sind Sie in Düsseldorf.

▶ **Aufgabe 6**

① _____ _____! Sie machen Ihre ersten Schritte in eine

neue Sprache! In den A1 Deutschkursen für Anfänger lernen Sie, z.B. wenn

Sie zum Arzt gehen, einkaufen oder neue Leute treffen. Lernen Sie ② _____

_____ _____ und grammatische Strukturen.

Teil 2 •• •

▶ **Beispiel**

Frau Katrin Gundlach, ① _____ aus Budapest, wird zum
Informationsschalter in die Ankunftshalle C gebeten. Frau Gundlach bitte
zum ② _____ in die Ankunftshalle C.

▶ **Aufgabe 7**

Guten Tag, Sie sind ① _____ mit der Sprachberatung der VHS
Hamburg. Die Sprachberatung ist ② _____ und mittwochs von 13.00
bis 18.00 Uhr.

▶ **Aufgabe 8**

Besondere Angebote gibt es heute ① _____ _____ _____:
Sportschuhe ab 30 €, T-Shirts für 10 €, Damen-Jeans und Pullover ab 5 €. Im
dritten Stock ② _____ _____ nach dem Einkauf für die Eltern und Kinder
eine kleine Erfrischung. Sie sind herzlich willkommen!

▶ **Aufgabe 9**

Der Intercity IC 832 aus Bremen, planmäßige Ankunft 13:04 Uhr, hat
voraussichtlich ① _____ Minuten ② _____. Der Intercity Express
ICE 5322 aus Hannover kommt mit ③ _____ Minuten Verspätung auf Gleis
④ _____ an.

▶ Aufgabe 10

Frau Meyer, angekommen mit der Gruppe MTW ① _____ Aachen,

kommen Sie bitte ② _____ zum Ausgang! Der Bus für Ihre Gruppe

steht abfahrbereit ③ _____ _____ _____. Kommen Sie sofort zum

Ausgang. Es wird ④ _____ noch auf Sie gewartet!

Teil 3 • • •

▶ **Aufgabe 11**

Ich brauche ① _____ 36. Ich finde diese Schuhe ② _____ sehr
schön, aber ich glaube, sie sind ③ _____ _____ eng. Können Sie mir
vielleicht noch etwas Anderes zeigen? Ich suche bequeme und elegante
Schuhe für meine Arbeit.

▶ **Aufgabe 12**

Hallo Sara, hier ist Jasmin. Ich bin noch in der Bank. Mein Auto steht
① _____ _____ _____. Ich komme dich sofort abholen. Treffen wir uns
vor dem Buchladen, warte da am ② _____ auf mich. Ich bin
③ _____ da.

▶ **Aufgabe 13**

Hallo Lukas, hier ist Ursula. Bist du fertig mit den Hausaufgaben? Gehst du
mit mir einkaufen? ① _____ doch auch ② _____, wir wollten in das
neue Geschäft in der Hauptstraße gehen. Wir treffen uns um 12 Uhr am Kiosk
③ _____ _____ _____. Tschüss!

▶ **Aufgabe 14**

Liebe Susanne, ich kann dich nun leider nicht abholen, aber du findest
① _____ ein Taxi am Bahnhof. Weißt du die Adresse noch? Wir wohnen
in Augsburgerstraße 34, das ist ganz ② _____ _____ _____ von der
Berliner Straße 34. Der Taxifahrer kennt die Straße bestimmt, weil sie ziemlich
bekannt ist. Tschüss, ③ _____ _____ _____ _____ _____!

Hallo, Maria. Hier ist Jakob. Ich habe jetzt Informationen über unseren Deutschkurs bekommen. Er findet am Dienstag um ① _____ Uhr statt, nicht im Raum ② _____ sondern im Raum ③ _____. Da du vermutlich den Raum nicht kennst, werde ich unten am Eingang auf dich warten, o.k.? ④ _____ _____ _____ brauche ich deine Hilfe, weil die Hausaufgaben in Grammatik zu schwer sind.

Teil 1 • • •

▶ **Beispiel**

정답　① Verzeihung

　　　② im zweiten Stock

어휘　**die Verzeihung** [n.] 실례, 용서 ｜ **im zweiten Stock** 2층(한국식 3층)에서

▶ **Aufgabe 1**

정답　① Wie geht's dir

　　　② Wie wäre es

　　　③ Vielleicht

　　　④ Wie findest du das

어휘　**wie wäre es~?** ～은 어떨까? ｜ **vielleicht** [adv.] 혹시, 어쩌면 ｜ **finden** [v.] 생각하다

▶ **Aufgabe 2**

정답　① Hast

　　　② vergessen

　　　③ bin

　　　④ gekommen

　　　⑤ wollte

　　　⑥ nimmst

　　　⑦ warte

어휘　**haben...vergessen** [v.] 잊었다 (vergessen의 현재완료) ｜ **sein...gekommen** [v.] 왔다 (kommen의 현재완료) ｜ **wollten** [m.v] 원했다 (wollen의 과거) ｜ **nehmen** [v.] (교통수단을) 타다 ｜ **warten** [v.] 기다리다

▶ **Aufgabe 3**

① ist

② besetzt

③ hinterlassen

④ erreichen

besetzt [a.] 사용 중, 자리가 채워진 | **hinterlassen** [v.] 말을 남기다 | **erreichen** [v.] 연락하다

▶ **Aufgabe 4**

① überweisen

② nicht mehr

③ halb fünf

④ halb drei

überweisen [v.] 송금하다 | **nicht mehr** 더이상 아닌 | **halb fünf** 4시 30분 | **halb drei** 2시 30분

▶ **Aufgabe 5**

① bequem

② in einer Stunde

③ schneller

④ mit dem Bus

bequem [a.] 편리한, 쾌적한 | **in einer Stunde** 한 시간 안에 | **schneller** 더 빠른 (schnell의 비교급) | **mit dem Bus** 버스를 타고

▶ **Aufgabe 6**

① Herzlichen Glückwunsch

② die wichtigsten Wörter

herzlich [a.] 진심으로 | **der Glückwunsch** [n.] 축하 | **wichtig** [a.] 중요한 | **das Wort** [n.] 단어

Teil 2 ● ● ○

▶ **Beispiel**

정답 ① angekommen
② Informationsschalter

어휘 **angekommen** [p.a] 도착한 ｜ **der Informationsschalter** [n.] 안내소, 안내 창구

▶ **Aufgabe 7**

정답 ① verbunden
② montags

어휘 **verbunden** [a.] 연결된 ｜ **montags** 월요일에

▶ **Aufgabe 8**

정답 ① im zweiten Stock
② gibt es

어휘 **im zweiten Stock** 2층(한국식 3층)에서 ｜ **es gibt** ～이 있다

▶ **Aufgabe 9**

정답 ① 30
② Verspätung
③ 45
④ 3

어휘 **dreißig** 30 ｜ **die Verspätung** [n.] 연착 ｜ **fünf und vierzig** 45 ｜ **drei** 3

▶ **Aufgabe 10**

◀ **정답** ① aus
② sofort
③ auf dem Parkplatz
④ nur

◀ **어휘** **aus** [prp.] ~에서 ｜ **sofort** [adv.] 즉시 ｜ **auf dem Parkplatz** 주차장에 ｜ **nur** [adv.] ~만을, 단지

Teil 3 ● ● ●

▶ **Aufgabe 11**

◀ **정답** ① Größe
② eigentlich
③ ein bisschen

◀ **어휘** **die Größe** [n.] 사이즈 ｜ **eigentlich** [a.] 원래의, 본래의 ｜ **ein bisschen** [a.] 약간의, 소량의

▶ **Aufgabe 12**

◀ **정답** ① vor der Post
② Eingang
③ gleich

◀ **어휘** **vor** [prp.] ~앞에 ｜ **die Post** [n.] 우체국 ｜ **der Eingang** [n.] 입구에서 ｜ **gleich** [adv.] 곧

▶ **Aufgabe 13**

◀ **정답** ① Komm
② mit
③ vor der Uni

◀ **어휘** **mitkommen** [v.] 함께 오다 ｜ **vor** [prp.] ~앞에 ｜ **die Uni** [n.] 대학교 (Universität의 구어)

▶ **Aufgabe 14**

정답 ① bestimmt
② in der Nähe
③ ich freue mich auf dich

어휘 **bestimmt** [adv.] 분명히, 확실히 ┃ **in der Nähe** 근처에 ┃ **sich freuen auf** [v.] 고대하다

▶ **Aufgabe 15**

정답 ① 10
② 114
③ 214
④ Auf jeden Fall

어휘 **zehn** 10 ┃ **einhundert vierzehn** 114 ┃ **zweihundert vierzehn** 214 ┃ **auf jeden Fall** [adv.] 어쨌든

1회 주요 단어

문제에서 나온 단어들은 틈틈이 복습하고 시험 보기 전 최종 점검용으로 활용할 수 있습니다.

공부한 날짜   월   일

듣기

	Deutsch	Koreanisch	check
1	☐ abfahrbereit	[a.] 출발 준비가 된	
2	☐ abholen	[v.] 데리러 오다	
3	☐ am Eingang	입구에서	
4	☐ auf dem Parkplatz	주차장에	
5	☐ ausfüllen	[v.] 작성하다, (부족한 것을) 채우다	
6	☐ aussteigen	[v.] 하차하다	
7	☐ bekannt	[a.] 유명한	
8	☐ besetzt	[a.] 사용 중, 자리가 채워진	
9	☐ besondere	[a.] 특별한	
10	☐ brauchen	[v.] 필요하다	
11	☐ das Angebot	[n.] 제품	
12	☐ das Buchgeschäft	[n.] 서점	
13	☐ das Hochzeitsgeschenk	[n.] 결혼 선물	
14	☐ das Mädchen	[n.] 소녀	
15	☐ dauern	[v.] (시간이) 걸리다	
16	☐ der Anfänger	[n.] 초보자	
17	☐ der Ausgang	[n.] 출구	
18	☐ der Einkauf	[n.] 구입	
19	☐ der IC	[n.] 특급열차 (Intercity의 약어)	
20	☐ der ICE	[n.] 초고속열차 (Intercityexpress의 약어)	
21	☐ der Informationsschalter	[n.] 안내소, 안내 창구	
22	☐ der Montagnachmittag	[n.] 월요일 오후	

23	☐ der Pullover	[n.] 스웨터	
24	☐ der Schritt	[n.] 발걸음	
25	☐ der Schuh	[n.] 신발, 구두	
26	☐ der Struktur	[n.] 구조	
27	☐ der Zentrumplatz	[n.] 시내광장	
28	☐ der Zug	[n.] 기차	
29	☐ die Ankunftshalle	[n.] 도착 대합실	
30	☐ die Arbeit	[n.] 직업, 일	
31	☐ die Ausstellung	[n.] 전시	
32	☐ die Bank	[n.] 은행	
33	☐ die Dame	[n.] 부인	
34	☐ die Eintrittskarte	[n.] 입장권	
35	☐ die Eltern	[n.] 부모	
36	☐ die Erfrischung	[n.] 가벼운 음식	
37	☐ die Größe	[n.] 사이즈	
38	☐ die Gruppe	[n.] 그룹	
39	☐ die Herrenkleidung	[n.] 남성복	
40	☐ die Hochzeit	[n.] 결혼식	
41	☐ die Kasse	[n.] 계산대	
42	☐ die Kontonummer	[n.] 계좌번호	
43	☐ die Leute	[n.] 사람들	
44	☐ die Minute	[n.] (시간의 단위) 분	
45	☐ die Party	[n.] 파티	
46	☐ die Post	[n.] 우체국	
47	☐ die Reparaturwerkstatt	[n.] 수리작업장	
48	☐ die Sportschuhe	[n.] 운동화	
49	☐ die Sprachberatung	[n.] 어학 상담	
50	☐ die Tasse	[n.] 찻잔	
51	☐ die Uni	[n.] 대학교 (Universität의 구어)	
52	☐ die Verspätung	[n.] 연착	
53	☐ die Verzeihung	[n.] 실례, 용서	

54	☐ die Werbung	[n.] 광고	
55	☐ ein bisschen	[a.] 약간의, 소량의	
56	☐ einkaufen	[v.] 장보다	
57	☐ elegant	[a.] 우아한	
58	☐ eng	[a.] 꼭 끼는, 답답한	
59	☐ erreichen	[v.] 연락하다	
60	☐ es gibt	~이 있다	
61	☐ folgend	[a.] 다음의	
62	☐ grammatisch	[a.] 문법상의	
63	☐ haben...geöffnet	[v.] 개점했다 (öffnen의 현재완료)	
64	☐ haben...vergessen	[v.] 잊었다 (vergessen의 현재완료)	
65	☐ herausfinden	[v.] 알아내다, 찾아내다	
66	☐ herzlich	[a.] 진심으로	
67	☐ in einer Stunde	한 시간 안에	
68	☐ nach	[prp.] ~후에 (3격 전치사)	
69	☐ oft	[adv.] 자주	
70	☐ planmäßig	[a.] 계획대로의	
71	☐ pünktlich	[a.] 정시에	
72	☐ schließen	[v.] 닫다	
73	☐ schneller	더 빠른 (schnell의 비교급)	
74	☐ sofort	[adv.] 즉시	
75	☐ stehen	[v.] 서 있다	
76	☐ überweisen	[v.] 송금하다	
77	☐ verbunden	[a.] 연결된	
78	☐ vom Betriebsrat	기업 상담 파트의	
79	☐ voraussichtlich	[a.] 예상할 수 있는	
80	☐ warten	[v.] 기다리다	
81	☐ wichtig	[a.] 중요한	
82	☐ wofür	[adv.] 무엇 때문에	
83	☐ zum Arzt gehen	병원에 가다	
84	☐ zusammen	[adv.] 함께	

	Koreanisch	Deutsch
1	☐ [a.] 출발 준비가 된	
2	☐ [v.] 데리러 오다	
3	☐ 입구에서	
4	☐ 주차장에	
5	☐ [v.] 작성하다, (부족한 것을) 채우다	
6	☐ [v.] 하차하다	
7	☐ [a.] 유명한	
8	☐ [a.] 사용 중, 자리가 채워진	
9	☐ [a.] 특별한	
10	☐ [v.] 필요하다	
11	☐ [n.] 제품	
12	☐ [n.] 서점	
13	☐ [n.] 결혼 선물	
14	☐ [n.] 소녀	
15	☐ [v.] (시간이) 걸리다	
16	☐ [n.] 초보자	
17	☐ [n.] 출구	
18	☐ [n.] 구입	
19	☐ [n.] 특급열차 (Intercity의 약어)	
20	☐ [n.] 초고속열차 (Intercityexpress의 약어)	
21	☐ [n.] 안내소, 안내 창구	
22	☐ [n.] 월요일 오후	
23	☐ [n.] 스웨터	
24	☐ [n.] 발걸음	
25	☐ [n.] 신발, 구두	
26	☐ [n.] 구조	
27	☐ [n.] 시내광장	
28	☐ [n.] 기차	

29	☐ [n.] 도착 대합실	
30	☐ [n.] 직업, 일	
31	☐ [n.] 전시	
32	☐ [n.] 은행	
33	☐ [n.] 부인	
34	☐ [n.] 입장권	
35	☐ [n.] 부모	
36	☐ [n.] 가벼운 음식	
37	☐ [n.] 사이즈	
38	☐ [n.] 그룹	
39	☐ [n.] 남성복	
40	☐ [n.] 결혼식	
41	☐ [n.] 계산대	
42	☐ [n.] 계좌번호	
43	☐ [n.] 사람들	
44	☐ [n.] (시간의 단위) 분	
45	☐ [n.] 파티	
46	☐ [n.] 우체국	
47	☐ [n.] 수리작업장	
48	☐ [n.] 운동화	
49	☐ [n.] 어학 상담	
50	☐ [n.] 찻잔	
51	☐ [n.] 대학교 (**Universität**의 구어)	
52	☐ [n.] 연착	
53	☐ [n.] 실례, 용서	
54	☐ [n.] 광고	
55	☐ [a.] 약간의, 소량의	
56	☐ [v.] 장보다	
57	☐ [a.] 우아한	
58	☐ [a.] 꼭 끼는, 답답한	
59	☐ [v.] 연락하다	

60	□ ~이 있다	
61	□ [a.] 다음의	
62	□ [a.] 문법상의	
63	□ [v.] 개점했다 (öffnen의 현재완료)	
64	□ [v.] 잊었다 (vergessen의 현재완료)	
65	□ [v.] 알아내다, 찾아내다	
66	□ [a.] 진심으로	
67	□ 한 시간 안에	
68	□ [prp.] ~후에 (3격 전치사)	
69	□ [adv.] 자주	
70	□ [a.] 계획대로의	
71	□ [a.] 정시에	
72	□ [v.] 닫다	
73	□ 더 빠른 (schnell의 비교급)	
74	□ [adv.] 즉시	
75	□ [v.] 서 있다	
76	□ [v.] 송금하다	
77	□ [a.] 연결된	
78	□ 기업 상담 파트의	
79	□ [a.] 예상할 수 있는	
80	□ [v.] 기다리다	
81	□ [a.] 중요한	
82	□ [adv.] 무엇 때문에	
83	□ 병원에 가다	
84	□ [adv.] 함께	

	Deutsch	Koreanisch	check
1	□ die Einladung	[n.] 초대	
2	□ ab und zu	가끔	
3	□ aktuell	[a.] 현재의	
4	□ ander	[a.] 다른	
5	□ anrufen	[v.] 전화하다	
6	□ ansehen	[v.] 구경하다	
7	□ da sein	[v.] 그곳에 있다	
8	□ danach	[adv.] 그 다음에	
9	□ das Getränk	[n.] 음료, 주류	
10	□ das Gleis	[n.] 선로, 게이트	
11	□ das Hotel	[n.] 호텔	
12	□ das Ostern	[n.] 부활절	
13	□ das Programm	[n.] 프로그램	
14	□ das Rauchen	[n.] 흡연	
15	□ das Restaurant	[n.] 레스토랑	
16	□ das Schuhgeschäft	[n.] 신발 가게	
17	□ das Suchen	[n.] 검색	
18	□ das Wochenende	[n.] 주말	
19	□ der Bahnhof	[n.] 중앙역	
20	□ der Führerschein	[n.] 면허증	
21	□ der Geburtstag	[n.] 생일	
22	□ der Kaufhof	[n.] 백화점	
23	□ der Kellner	[n.] (남) 웨이터	
24	□ der Mitarbeiter	[n.] 함께 일할 사람	
25	□ der Preis	[n.] 가격	
26	□ der Ruhetag	[n.] 휴무일	
27	□ der Schiffsfahrplan	[n.] 선박 운행 시간표	
28	□ der Straßedienst	[n.] 도로 서비스	

29	☐ der Wetterbericht	[n.] 날씨 보고	
30	☐ der Wunsch	[n.] 요청, 바라는 것	
31	☐ der Zeitungsdienst	[n.] 신문 서비스	
32	☐ die Arbeitszeit	[n.] 영업 시간	
33	☐ die Bezahlung	[n.] 지급	
34	☐ die Dauer	[n.] 걸리는 시간	
35	☐ die Ermäßigung	[n.] 할인	
36	☐ die Ferienwohnung	[n.] 펜션	
37	☐ die Idee	[n.] 아이디어	
38	☐ die Insel	[n.] 섬	
39	☐ die Küche	[n.] 부엌	
40	☐ die Pension	[n.] 펜션	
41	☐ die Person	[n.] 사람	
42	☐ die Reise	[n.] 여행	
43	☐ die Sonderaktion	[n.] 특별 제공	
44	☐ die Sonne	[n.] 해	
45	☐ die Stadt	[n.] 도시	
46	☐ die Stunde	[n.] 시간	
47	☐ die Tür	[n.] 문	
48	☐ die Verkehrsverbindung	[n.] 교통 연결	
49	☐ die Wohnung	[n.] 집, 주택	
50	☐ die Zeit	[n.] 시간	
51	☐ dringend	[a.] 긴급한	
52	☐ einfach	[adv.] 그냥	
53	☐ etwas	어떤 것, 무엇	
54	☐ feiern	[v.] 파티를 하다	
55	☐ flexibel	[a.] 유동성 있는	
56	☐ fragen	[v.] 묻다	
57	☐ französisch	[a.] 프랑스의	
58	☐ geehrt	[a.] 존경하는	
59	☐ geografisch	[a.] 지리적인	

60	☐ gesamt	[a.] 전체의	
61	☐ günstig	[a.] 저렴한	
62	☐ haben...erlebt	[v.] 경험했다 (erleben의 현재완료)	
63	☐ haben...vorbereitet	[v.] 준비했다 (vorbereiten의 현재완료)	
64	☐ halb	[a.] 절반의	
65	☐ hoffen	[v.] 바라다	
66	☐ hoffentlich	[adv.] 바라건대	
67	☐ holen	[v.] 가지고 오다	
68	☐ italienisch	[a.] 이탈리아의	
69	☐ kochen	[v.] 요리하다	
70	☐ mieten	[v.] 임대하다	
71	☐ mitbringen	[v.] 가져오다	
72	☐ möbliert	[a.] 가구가 딸린	
73	☐ natürlich	[a.] 당연히	
74	☐ nie	[adv.] ~한 적이 없다	
75	☐ ob	~인지 아닌지	
76	☐ schon	[adv.] 이미	
77	☐ schreiben	[v.] 쓰다	
78	☐ sein...umgezogen	[v.] 이사 갔다 (umziehen의 현재완료)	
79	☐ sich freuen auf	[v.] ~고대하다	
80	☐ sonst	[adv.] 그밖에	
81	☐ supergünstig	[a.] 매우 저렴한	
82	☐ täglich	[a.] 매일의	
83	☐ verboten	[a.] 금지된	
84	☐ wechselnd	[a.] 교대하는	
85	☐ wunderbar	[a.] 멋진	
86	☐ zahlen	[v.] 지불하다	

확인하기

	Koreanisch	Deutsch
1	☐ [n.] 초대	
2	☐ 가끔	
3	☐ [a.] 현재의	
4	☐ [a.] 다른	
5	☐ [v.] 전화하다	
6	☐ [v.] 구경하다	
7	☐ [v.] 그곳에 있다	
8	☐ [adv.] 그 다음에	
9	☐ [n.] 음료, 주류	
10	☐ [n.] 선로, 게이트	
11	☐ [n.] 호텔	
12	☐ [n.] 부활절	
13	☐ [n.] 프로그램	
14	☐ [n.] 흡연	
15	☐ [n.] 레스토랑	
16	☐ [n.] 신발 가게	
17	☐ [n.] 검색	
18	☐ [n.] 주말	
19	☐ [n.] 중앙역	
20	☐ [n.] 면허증	
21	☐ [n.] 생일	
22	☐ [n.] 백화점	
23	☐ [n.] (남) 웨이터	
24	☐ [n.] 함께 일할 사람	
25	☐ [n.] 가격	
26	☐ [n.] 휴무일	
27	☐ [n.] 선박 운행 시간표	
28	☐ [n.] 도로 서비스	

29	□ [n.] 날씨 보고	
30	□ [n.] 요청, 바라는 것	
31	□ [n.] 신문 서비스	
32	□ [n.] 영업 시간	
33	□ [n.] 지급	
34	□ [n.] 걸리는 시간	
35	□ [n.] 할인	
36	□ [n.] 펜션	
37	□ [n.] 아이디어	
38	□ [n.] 섬	
39	□ [n.] 부엌	
40	□ [n.] 펜션	
41	□ [n.] 사람	
42	□ [n.] 여행	
43	□ [n.] 특별 제공	
44	□ [n.] 해	
45	□ [n.] 도시	
46	□ [n.] 시간	
47	□ [n.] 문	
48	□ [n.] 교통 연결	
49	□ [n.] 집, 주택	
50	□ [n.] 시간	
51	□ [a.] 긴급한	
52	□ [adv.] 그냥	
53	□ 어떤 것, 무엇	
54	□ [v.] 파티를 하다	
55	□ [a.] 유동성 있는	
56	□ [v.] 묻다	
57	□ [a.] 프랑스의	
58	□ [a.] 존경하는	
59	□ [a.] 지리적인	

60	☐ [a.] 전체의	
61	☐ [a.] 저렴한	
62	☐ [v.] 경험했다 (erleben의 현재완료)	
63	☐ [v.] 준비했다 (vorbereiten의 현재완료)	
64	☐ [a.] 절반의	
65	☐ [v.] 바라다	
66	☐ [adv.] 바라건대	
67	☐ [v.] 가지고 오다	
68	☐ [a.] 이탈리아의	
69	☐ [v.] 요리하다	
70	☐ [v.] 임대하다	
71	☐ [v.] 가져오다	
72	☐ [a.] 가구가 딸린	
73	☐ [a.] 당연히	
74	☐ [adv.] ~한 적이 없다	
75	☐ ~인지 아닌지	
76	☐ [adv.] 이미	
77	☐ [v.] 쓰다	
78	☐ [v.] 이사 갔다 (umziehen의 현재완료)	
79	☐ [v.] ~고대하다	
80	☐ [adv.] 그밖에	
81	☐ [a.] 매우 저렴한	
82	☐ [a.] 매일의	
83	☐ [a.] 금지된	
84	☐ [a.] 교대하는	
85	☐ [a.] 멋진	
86	☐ [v.] 지불하다	

쓰기, 말하기

	Deutsch	Koreanisch	check
1	☐ bleiben	[v.] 머무르다	
2	☐ das Bild	[n.] 그림	
3	☐ das Brot	[n.] 빵	
4	☐ das Deutsch	[n.] 독일어	
5	☐ das Französisch	[n.] 프랑스어	
6	☐ das Hobby	[n.] 취미	
7	☐ das Koreanisch	[n.] 한국어	
8	☐ das Motorrad	[n.] 오토바이	
9	☐ der Arzt	[n.] 의사	
10	☐ der Bäcker	[n.] 빵집 주인, 빵 굽는 사람	
11	☐ der Gast	[n.] 손님	
12	☐ der Lieblingssport	[n.] 가장 좋아하는 운동	
13	☐ der Ort	[n.] 장소	
14	☐ der Stadtplan	[n.] 도시 지도	
15	☐ der Stuhl	[n.] 의자	
16	☐ der Vorschlag	[n.] 제안	
17	☐ die Blume	[n.] 꽃	
18	☐ die Busnummer	[n.] 버스 번호	
19	☐ die Hand	[n.] 손	
20	☐ die Information	[n.] 정보	
21	☐ die Musik	[n.] 음악	
22	☐ die Muttersprache	[n.] 모국어	
23	☐ fremd	[a.] 낯선	
24	☐ frisch	[a.] 신선한	
25	☐ haben...besucht	[v.] 방문했다 (besuchen의 현재완료)	
26	☐ haben...gewusst	[v.] 알고 있었다 (wissen의 현재완료)	
27	☐ hören	[v.] 듣다	
28	☐ im Sommerferien	여름 휴가에	

29	☐ in der Freizeit	여가시간에	
30	☐ in die Bergen	산으로	
31	☐ ins Kino	영화관으로	
32	☐ letzt	[a.] 마지막의	
33	☐ malen	[v.] 그림으로 그리다	
34	☐ mit wem	누구와 함께	
35	☐ öffnen	[v.] 열다	
36	☐ reisen	[v.] 여행하다	
37	☐ sagen	[v.] 말하다	
38	☐ schenken	[v.] 선물하다	
39	☐ schnell	[a.] 빠르게	
40	☐ schwierig	[a.] 어려운	
41	☐ spazierengehen	[v.] 산책하다	
42	☐ teuer	[a.] 비싼	
43	☐ trinken	[v.] 마시다	
44	☐ übernachten	[v.] 숙박하다	
45	☐ unter	[prp.] ~아래로	
46	☐ wirklich	[a.] 정말	
47	☐ wohin	[adv.] 어디로	
48	☐ wussten	[v.] ~을 알았다 (wissen의 과거)	

확인하기

	Koreanisch	Deutsch
1	☐ [v.] 머무르다	
2	☐ [n.] 그림	
3	☐ [n.] 빵	
4	☐ [n.] 독일어	
5	☐ [n.] 프랑스어	
6	☐ [n.] 취미	
7	☐ [n.] 한국어	
8	☐ [n.] 오토바이	
9	☐ [n.] 의사	
10	☐ [n.] 빵집 주인, 빵 굽는 사람	
11	☐ [n.] 손님	
12	☐ [n.] 가장 좋아하는 운동	
13	☐ [n.] 장소	
14	☐ [n.] 도시 지도	
15	☐ [n.] 의자	
16	☐ [n.] 제안	
17	☐ [n.] 꽃	
18	☐ [n.] 버스 번호	
19	☐ [n.] 손	
20	☐ [n.] 정보	
21	☐ [n.] 음악	
22	☐ [n.] 모국어	
23	☐ [a.] 낯선	
24	☐ [a.] 신선한	
25	☐ [v.] 방문했다 (besuchen의 현재완료)	
26	☐ [v.] 알고 있었다 (wissen의 현재완료)	
27	☐ [v.] 듣다	
28	☐ 여름 휴가에	

29	☐ 여가시간에	
30	☐ 산으로	
31	☐ 영화관으로	
32	☐ [a.] 마지막의	
33	☐ [v.] 그림으로 그리다	
34	☐ 누구와 함께	
35	☐ [v.] 열다	
36	☐ [v.] 여행하다	
37	☐ [v.] 말하다	
38	☐ [v.] 선물하다	
39	☐ [a.] 빠르게	
40	☐ [a.] 어려운	
41	☐ [v.] 산책하다	
42	☐ [a.] 비싼	
43	☐ [v.] 마시다	
44	☐ [v.] 숙박하다	
45	☐ [prp.] ~아래로	
46	☐ [a.] 정말	
47	☐ [adv.] 어디로	
48	☐ [v.] ~을 알았다 (wissen의 과거)	

제2회

실전
모의고사

A1

Kandidatenblätter

Hören
circa 20 Minuten

Dieser Test hat drei Teile. Sie hören
kurze Gespräche und Ansagen.
Zu jedem Text gibt es eine Aufgabe.
Lesen Sie zuerst die Aufgabe,
hören Sie dann den Text dazu.

Kreuzen Sie die richtige Lösung an.

Schreiben Sie zum Schluss Ihre
Lösungen auf den **Antwortbogen.**

Teil 1 • • •   (MP3 02_01)

Was ist richtig?
Kreuzen Sie an: a , b oder c .
Sie hören jeden Text **zweimal.**

Beispiel

0   Welche Zimmernummer hat Herr Schneider?

  a Zimmer 240.   b Zimmer 245.   ☒ Zimmer 254.

vom Goethe-Institut

1 Wann hat Cecilia Geburtstag?

a Am Freitag   b Am Samstag   c Am Sonntag

2 Mit welchem Verkehrsmittel fährt der Mann nach Köln?

a Zug   b Auto   c Flugzeug

3 Was bekommt Linda für ihren Geburtstag?

a Mantel   b Bluse   c Buch

4 Wie kommt sie zum Bene Strandhotel?

a mit dem Taxi   b mit der Straßenbahn   c zu Fuß

5 Wie alt ist das Geburtstagskind?

a 10 Jahre alt   b 18 Jahre alt   c 24 Jahre alt

6 Wann gibt es keinen Einstufungstest?

a Mai   b Juni   c Juli

Teil 2 ● ● ●   `MP3 02_02`

Kreuzen Sie an: `Richtig` oder `Falsch`.
Sie hören jeden Text **einmal.**

Beispiel

0   Die Reisende soll zur Information in Halle C kommen.   ~~Richtig~~   *Falsch*

vom Goethe-Institut

7   Man kann außer Salat, Hähnchen und Pizza essen.   Richtig   *Falsch*

8   Die Praxis öffnen wieder nach der Renovierung.   Richtig   *Falsch*

9   Man soll seinen Namen und die Email hinterlassen.   Richtig   *Falsch*

10   Die Frau braucht einige Obstsorten.   Richtig   *Falsch*

Teil 3 ● ● ●

MP3 02_03

Was ist richtig?
Kreuzen Sie an: [a], [b] oder [c].
Sie hören jeden Text **zweimal.**

11 Womit will er fahren?

[a] Mit dem Auto
[b] Mit dem Zug
[c] Mit dem Bus

12 Wann wollen die Leute kommen?

[a] Am Mittwochnachmittag
[b] Am Freitagvormittag
[c] Am Freitagnachmittag

13 Was möchte die Frau machen?

[a] Eine Party im Garten
[b] Einen Urlaub
[c] Umziehen

14 Wo tut es ihm weh?

[a] Am Fuß
[b] Am Arm
[c] Am Körper

15 Wo treffen sich Melanie und Paul?

[a] Im Café Blume
[b] Bei Melanie
[c] Bei Paul

Ende des Tests Hören.
Schreiben Sie jetzt Ihre Lösungen 1 bis 15 auf den **Antwortbogen.**

Kandidatenblätter

Lesen
Schreiben
circa 45 Minuten

Lesen, circa 25 Minuten
Dieser Test hat drei Teile.
Sie lesen kurze Briefe, Anzeigen etc.
Zu jedem Text gibt es Aufgaben.
Kreuzen Sie die richtige Lösung an.

Schreiben, circa 20 Minuten
Dieser Test hat zwei Teile.
Sie füllen ein Formular aus und
schreiben einen kurzen Text.

Schreiben Sie zum Schluss Ihre
Lösungen auf den **Antwortbogen.**
Wörterbücher sind nicht erlaubt.

Teil 1 • • •

Lesen Sie die beiden Texte und die Aufgaben 1 bis 5.
Kreuzen Sie an: Richtig oder Falsch .

Beispiel

0   Bettina kann ihren Computer reparieren.   Richtig   ~~Falsch~~

```
  Zurück  Vorwärts  Startseite   Suchen   Bilder   Drucken   Stop

  von    bettina33@dongyangbooks.com

  an     kkan_a@dongyangbooks.com
```

Liebster Kilian,
ich schreibe dir einen Brief, weil mein Computer wieder bei der
Reparatur ist. Er macht mich langsam ärgerlich. Ich glaube, dass ich
einen neuen Computer brauche. Es ist so oft kaputt. Es geht nicht
mehr so weiter! Kannst du mir helfen? Du weißt ja, ich kenne mich
nicht gut aus mit solchen Dingen. Kannst du zu mir kommen und
mit mir in den Techno Markt in Yongsan gehen und mir ein paar
Tipps geben? Vielleicht am Wochenende? Außerdem würde ich
gern auf dem neuen Computer auch mehr Programme für Fotos
haben. Bitte, antworte mir schnell!

Viele Grüße
von Bettina

1   Der Computer von Bettina wird repariert.   Richtig   Falsch

2   Bettina interessiert sich für Fotos.   Richtig   Falsch

von   julijuli@dongyangbooks.com

an   asdf13@dongyangbooks.com

Liebe Alessia,

ich habe es sehr eilig, deshalb antworte ich nur ganz kurz auf deine Email. Natürlich möchte ich dich am Freitag in Frankfurt sehen! Wann ich genau ankomme, weiß ich noch nicht. Machen wir es doch so: Treffpunkt ist der Keiserplatz, am Eingang zum Kaufhaus, um 13 Uhr. Geht es? Du hast doch meine Handynummer. Wenn es eine Änderung gibt, ruf mich an.

Liebe Grüße
Julia

3   Julia ist in Eile.   Richtig   *Falsch*

4   Julia weiss nicht, wo sie mit Alessia trifft.   Richtig   *Falsch*

5   Wenn Alessia ankommt, ruft sie Julia an.   Richtig   *Falsch*

Teil 2 • •

Lesen Sie die Texte und die Aufgaben 6 bis 10.
Wo finden Sie die Informationen? Kreuzen Sie an: a, oder b.

Beispiel

0   Sie wollen wissen: Regnet es in Deutschland?

vom Goethe-Institut

a   www.openair.de
☒   www.dwd.de

6   Sie möchten ein neues und billiges Fahrrad kaufen.

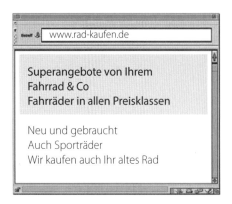
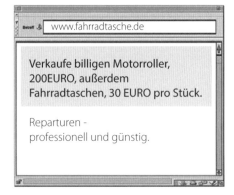

a   www.rad-kaufen.de
b   www.fahrradtasche.de

7 Sie sind in Bochum und möchte heute Abend einen Film sehen.

a www.city-klick.de

b www.stadt-geniessen.de

8 Ihr Computer ist kaputt. Sie suchen schnell Hilfe. Heute ist Samstag.

a www.geraete-all.de

b www.schnellfertig.de

9 Sie suchen eine deutsche Brieffreundin. Sie hoffen, dass sie in Süddeutschland wohnt.

[a] www.briefundfreund.de

[b] www.freund-muenchen.de

10 Sie sind in Frankfurt und möchten mit dem Zug ohne Umsteigen in Köln ankommen. Welchen Zug nehmen Sie?

[a] www.deutshe-bahn.de

[b] www.mitdbbahn.de

Teil 3 ● ● ●

Lesen Sie die Texte und die Aufgaben 11 bis 15.
Kreuzen Sie an: ☐ Richtig ☐ oder ☐ *Falsch* ☐.

Beispiel   An der Tür der *Sprachschule*

0   Zum Deutsch Lernen gehen Sie in die Beethovenstraße 23.   ☐ *Falsch* ☐

vom Goethe-Institut

> # SPRACHZENTRUM
>
> **Das Sprachzentrum ist umgezogen.**
> **Sie finden uns jetzt in der**
> **Beethovenstr. 23**

11   An einer *Videothek*

> # Marios
>
> Neueröffnung am 1. Mai
>
> In einer Woche können Sie in der Adolf-
> Klarenbach-Str. 7 DVDs ausleihen und
> kaufen.

Sie können in der Adolf-Klarenbach-Str. ab sofort DVDs   ☐ Richtig ☐   ☐ *Falsch* ☐
besorgen.

12 Im *Hotel*

> **Frühstück gibt es täglich von 7-10 Uhr,**
> **sonntags von 8-10 Uhr**
> **im Frühstückssaal im zweiten Stock.**

Man kann jeden Tag um halb neun frühstücken. | Richtig | | Falsch |

13 An der *Haltestelle*

> **Im Silvesterabend Busverkehr bis**
> **22:00 Uhr und von 1:00 Uhr**
> **bis 6:00 Uhr alle eine Stunde.**

Von 1:00 Uhr bis 6:00 Uhr fährt der Bus nur eine Stunde. | Richtig | | Falsch |

14 In der *Zeitung*

Polonia seit 1997
Jetzt probieren!

Probieren Sie unsere preisgekrönten
Mittagsgerichte zum Sonderpreis für von
7 Euro inkl. Dessert.
Mit besten regionalen Zutaten gekocht
und von freundlichen Kurieren heiß ins
Haus gebracht.

Das Essen wird geliefert.

Richtig   Falsch

15 An der *Arztpraxis*

Dr. Bauer
Arzt speziell für Hals-,
Nasenkrankheiten

Sprechstunde
Mo.-Di. 9-12Uhr, Mi.-Fr. 10-12 Uhr,
Sa. 14-18 Uhr. So. Ruhe Tag

Unter der Woche ist die Praxis vormittags morgens
immer geöffnet

Richtig   Falsch

Teil 1 •

Ihr Freund Paolo Pellizzari, aus Peru, möchte im Hotel The Gateway in London ein Zimmer für sich und seine Frau vom 13. bis 19. Juli reservieren. Er wohnt in Düsseldorf. Seine Frau und er möchten nicht im Hotel frühstücken. Er möchte gern einen Fernseher im Zimmer haben und zwei Fahrräder mieten.

In dem Formular fehlen fünf Informationen.
Helfen Sie Ihrer Freundin und schreiben Sie die fünf Informationen in das Formular. Am Ende schreiben Sie Ihre Lösungen bitte auf den **Antwortbogen.**

Hotel
The Gateway

Reservierung

Nachname :	Pellizzar	(0)
Vorname :	Paolo	
Straße, Hausnummer :	Klosterstraße 78	
PLZ, Wohnort :	40223	(1)
Abreise :		(2)
☐ Einzelzimmer	☐ Doppelzimmer	(3)
☐ Frühstück	☐ kein Frühstück	(4)
Besondere Wünsche :		(5)
Unterschrift :	*Paolo Pellizzari*	

Teil 2 • •

Sie möchten mit Ihrem Freund Alex und Sara am Samstag einen Ausflug mit dem Zug machen. Schreiben Sie eine E-mail.

— Wohin fahren Sie?

— Was soll man mitbringen?

— Wo wollen Sie sich treffen?

Schreiben Sie zu jedem Punkt ein bis zwei Sätze auf den Antwortbogen (circa 30 Wörter). Schreiben Sie auch eine Anrede und einen Gruß.

Kandidatenblätter

Sprechen
circa 15 Minuten

Dieser Test hat drei Teile.

Sprechen Sie bitte in der Gruppe.

Teil 1 ● ● ●   Sich vorstellen.

Name?

Alter?

Land?

Wohnort?

Sprachen?

Beruf?

Hobby?

Sprechen

Modellsatz

Teil 2 ● ● ●   Um Informationen fragen und Informationen geben.

A

Start Deutsch 1	Sprechen Teil 2
Übungssatz 01	Kandidatenblätter
Thema: Familie	

Eltern

Start Deutsch 1	Sprechen Teil 2
Übungssatz 01	Kandidatenblätter
Thema: Familie	

Wie groß...? Wie viele...?

Start Deutsch 1	Sprechen Teil 2
Übungssatz 01	Kandidatenblätter
Thema: Familie	

Kinder

Start Deutsch 1	Sprechen Teil 2
Übungssatz 01	Kandidatenblätter
Thema: Familie	

Urlaub

Start Deutsch 1	Sprechen Teil 2
Übungssatz 01	Kandidatenblätter
Thema: Familie	

wohnen

Start Deutsch 1	Sprechen Teil 2
Übungssatz 01	Kandidatenblätter
Thema: Familie	

Geschwister

B

Start Deutsch 1	Sprechen Teil 2
Übungssatz 01	Kandidatenblätter
Thema: essen und trinken	

kochen

Start Deutsch 1	Sprechen Teil 2
Übungssatz 01	Kandidatenblätter
Thema: essen und trinken	

Lieblingsgericht

Start Deutsch 1	Sprechen Teil 2
Übungssatz 01	Kandidatenblätter
Thema: essen und trinken	

Frühstück

Start Deutsch 1	Sprechen Teil 2
Übungssatz 01	Kandidatenblätter
Thema: essen und trinken	

Brot

Start Deutsch 1	Sprechen Teil 2
Übungssatz 01	Kandidatenblätter
Thema: essen und trinken	

Sonntag

Start Deutsch 1	Sprechen Teil 2
Übungssatz 01	Kandidatenblätter
Thema: essen und trinken	

Restaurant

Teil 3 ● ● ●   Bitte formulieren und darauf reagieren.

A

Goethe-Zertifikat A1	Sprechen Teil3
Modellsatz	Kandidatenblätter

Goethe-Zertifikat A1	Sprechen Teil3
Modellsatz	Kandidatenblätter

Goethe-Zertifikat A1	Sprechen Teil3
Modellsatz	Kandidatenblätter

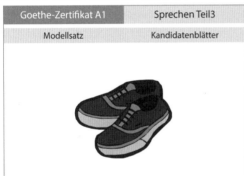

Goethe-Zertifikat A1	Sprechen Teil3
Modellsatz	Kandidatenblätter

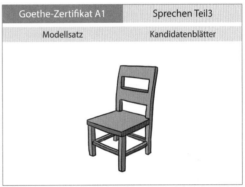

Goethe-Zertifikat A1	Sprechen Teil3
Modellsatz	Kandidatenblätter

Goethe-Zertifikat A1	Sprechen Teil3
Modellsatz	Kandidatenblätter

B

| Goethe-Zertifikat A1 | Sprechen Teil3 |
| Modellsatz | Kandidatenblätter |

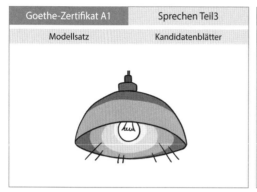

| Goethe-Zertifikat A1 | Sprechen Teil3 |
| Modellsatz | Kandidatenblätter |

| Goethe-Zertifikat A1 | Sprechen Teil3 |
| Modellsatz | Kandidatenblätter |

| Goethe-Zertifikat A1 | Sprechen Teil3 |
| Modellsatz | Kandidatenblätter |

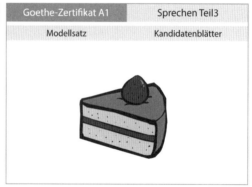

| Goethe-Zertifikat A1 | Sprechen Teil3 |
| Modellsatz | Kandidatenblätter |

| Goethe-Zertifikat A1 | Sprechen Teil3 |
| Modellsatz | Kandidatenblätter |

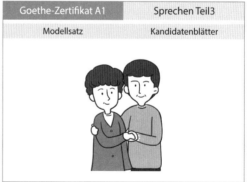

Teil 1 ● ● ●

▶ **Beispiel**

> **Frau** Ach, Verzeihung, wo finde ich Herr Schneider vom Betriebsrat?
>
> **Mann** Schneider. ① _____ _____ _____ . Ich glaube, der ist in
> Zimmer Nummer 254. Ja, stimmt, Zimmer 254. Das ist im zweiten
> Stock. Da können Sie den Aufzug dort nehmen.
>
> **Frau** Zweiter Stock, Zimmer 254. Okay, ② _____ _____.

▶ **Aufgabe 1**

> Guten Tag, hier ist Cecilia. Ihr ① _____ ja, am Freitag ist mein
> Geburtstag, deshalb möchte ich ② _____ _____ eine Party machen.
> Ich lade euch am Samstag um halb acht bei mir ein. Ist das okay?
> Ich rufe morgen ③ _____ _____ an. Tschüss!

▶ **Aufgabe 2**

> **Mann** Ich will am Dienstag nach Berlin.
>
> **Frau** Sie können ① _____ _____ _____ fahren, das kostet 102 Euro.
>
> **Mann** Kann ich von dort nach Köln fliegen?
>
> **Frau** Ja. Es gibt einen ② _____ _____ _____ von Berlin nach
> Köln.
>
> **Mann** Wunderbar, das mache ich! Ich fahre ③ _____ _____ _____
> nach Berlin und dort nehme ich den Flug nach Köln.

▶ **Aufgabe 3**

Frau	Was ① _____ _____, wird ihr das Kleid da gefallen? Dieses Rot ist doch eigentlich sehr schön, findest du nicht?
Mann	Oh nein, so was mag Linda nicht! Warum schenken wir ihr nicht ein gutes Buch zum Geburtstag?
Frau	Das haben wir doch schon ② _____ _____ gemacht, das geht nicht noch einmal. Ich möchte ihr etwas Besonderes schenken.
Mann	Sollen wir ihr vielleicht einen Mantel schenken? ③ _____ _____, den da!
Frau	Nein, der ist ④ _____ _____ _____, aber vielleicht die Bluse da. Das ist doch was für Linda!
Mann	Ja, der gefällt ihr bestimmt!

▶ **Aufgabe 4**

Frau	① _____, wie komme ich zum „Bene Strand Hotel"?
Mann	Das ist ② _____ _____ _____ _____, wollen Sie zu Fuß gehen?
Frau	Na ja, mein Koffer ist ziemlich schwer. Wie weit ist es denn zu Fuß?
Mann	Circa 17 Minuten. Sie können natürlich auch ein Taxi nehmen.
Frau	Hmm, ein Taxi...
Mann	Oder Sie können mit der Straßenbahn fahren.
Frau	Das ist ③ _____ _____ _____!
Mann	Nehmen Sie die Linie 3. Sie müssen in der Südstrandstraße aussteigen. ④ _____ _____ fragen Sie den Fahrer.

► **Aufgabe 5**

Frau	Es wird heute eine große Geburtstagsparty, ① _____ _____?
Mann	Ja, heute hat Jan Geburstag. Stell dir vor: 18 Kinder kommen zu seiner Party! ② _____.
Frau	Mein Sohn, der schon 24 Jahre alt ist, organisiert seine Partys lieber allein. ③ _____ _____ _____ Jan?
Mann	Er ist jetzt 10.
Frau	Also dann, ④ _____ _____ bei der Geburtstagsparty.

► **Aufgabe 6**

Guten Tag. Hier ist die Volkshochschule der Stadt Rotenberg. ① _____ _____ können Sie ② _____ _____ einen Sprachkurs anfangen. Die nächsten Termine für den Einstufungstest sind am: ③ _____. _____ und 1. Juni. Weitere Informationen bekommen Sie bei uns am ④ _____ und Donnerstag von 18.00 bis 20.00 Uhr.

Teil 2 ● ● ○

▷ **Beispiel**

Frau Katrin Gundlach, angekommen ① _____ _____ , wird zum
Informationsschalter in die ② _____ C gebeten. Frau Gundlach
bitte zum Informationsschalter in die Ankunftshalle C.

▷ **Aufgabe 7**

Liebe Kunden. Der Sommer ① _____ _____! Unser Café-Restaurant im
dritten Stock ② _____ Ihnen leckere Salate, Hähnchen und sogar Pizza
③ _____. Dazu haben wir auch frische Säfte. Es ist Ihre ④ _____.
Kommen Sie und genießen Sie.

▷ **Aufgabe 8**

Guten Tag. Hier ist der Anrufbeantworter der Praxis Dr. Kunzler.
Unsere ① _____ ist vom 3. bis zum 5. ② _____ wegen einer
Renovierung geschlossen. Am 6. Dezember haben wir wieder geöffnet.
Auf ③ _____.

▷ **Aufgabe 9**

Guten Tag. Hier ist der Anrufbeantworter des Bürgerbüros Oberstadt.
Sie ① _____ außerhalb unserer Sprechzeiten ② _____. Geben Sie bitte
③ _____ Namen, ④ _____ Telefonnummer. Wir rufen Sie dann
⑤ _____ _____ _____ _____ zurück. Vielen Dank und auf
Wiederhören.

▶ Aufgabe 10

Markus! Erstens will ich ein Kilo ① _____ und ein Kilo ② _____ , zwei
Kilo Mehl. Dann bitte ich dich darum, mir zwei Flaschen ③ _____
und zwei Liter Milch zu geben. Und ich möchte auch zwei Kilo Rindfleisch,
zwei Kilo Hühnerfleisch, drei hundert Gramm ④ _____ und ein Kilo
⑤ _____ .

Teil 3 • • •

▶ **Aufgabe 11**

① _____ _____ besucht Nick seine Eltern. Er wollte eigentlich mit dem Auto fahren, aber das ist doch zu stressig für ihn. ② _____ will er entweder den Bus oder den Zug nehmen. Mit dem Bus dauert es 4 Stunden, aber mit dem Zug nur 2 Stunden. Er möchte ③ _____ schnell ankommen.

▶ **Aufgabe 12**

Hier ist die Reparaturwerkstatt „Alles klar". Heute ist ① _____, der 3. September. Leider können wir ② _____ nicht zu Ihnen kommen. Wir können aber übermorgen, am Freitagnachmittag bei Ihnen ③ _____. Würde das Ihnen passen? Rufen Sie uns bitte auf jeden Fall an!

▶ **Aufgabe 13**

Hallo Markus, wie geht's? Wir ① _____ doch mit unseren Kindern im Juni im Urlaub. Endlich sind wir fertig ② _____ _____ _____ und wollen im Garten feiern. Wenn das Wetter schlecht ist, feiern wir ③ _____ im Haus. Hast du Zeit?

► **Aufgabe 14**

Hallo Sarah. Hier ist Frank. Ich ① _____ diese Woche nicht in der Schule.

Ich musste die ganze Woche im Bett liegen. Ich hatte eine starke Erkältung.

Und der rechte Fuß ② _____ mir ③ _____. Aber jetzt geht es mir

④ _____ _____.

► **Aufgabe 15**

Hallo Paul. Hier ist Melanie. Wir ① _____ uns doch heute Abend um 8

im „Café Blume" treffen. Das „Café Blume" hat aber heute geschlossen. Sehen

wir uns zuerst ② _____ _____ zu Hause. Dann gehen wir zusammen

woanders hin. ③ _____ doch noch mal ④ _____. Tschüss.

Teil 1 ● ◦ ◦

▶ **Beispiel**

정답 ① Warten Sie mal
② vielen Dank

어휘 **warten** [v.] 기다리다 ᅵ **vielen Dank** 정말 감사합니다

▶ **Aufgabe 1**

정답 ① wisst
② am Samstag
③ noch einmal

어휘 **wissen** [v.] 알다 ᅵ **am Samstag** 토요일에 ᅵ **noch einmal** 다시 한 번

▶ **Aufgabe 2**

정답 ① mit dem Zug
② sehr billigen Flug
③ mit dem Auto

어휘 **mit dem Zug** 기차를 타고 ᅵ **billig** [a.] 저렴한 ᅵ **der Flug** [n.] 비행기 ᅵ **mit dem Auto** 자동차를 타고

▶ **Aufgabe 3**

정답 ① meinst du
② letztes Jahr
③ Guck mal
④ viel zu teuer

어휘 **meinen** [v.] 생각하다 ᅵ **letztes Jahr** 지난 해 ᅵ **gucken** [v.] 바라보다 ᅵ **teuer** [a.] 비싼

▶ **Aufgabe 4**

① Entschuldigung

② nicht weit von hier

③ eine gute Idee

④ Am besten

die Entschuldigung [n.] 실례, 사과 ㅣ **weit** [adv.] 먼 ㅣ **am besten** 가장 좋은 것은

▶ **Aufgabe 5**

① nicht wahr

② Wunderbar

③ Wie alt ist

④ viel Spaß

wahr [a.] 사실인 ㅣ **wunderbar** [a.] 놀라운 ㅣ **der Spaß** [n.] 즐거움

▶ **Aufgabe 6**

① Bei uns

② jeden Monat

③ 1. Mai

④ Dienstag

bei uns 우리는 ㅣ **jeden Monat** 매월 ㅣ **der Mai** [n.] 5월 ㅣ **der Dienstag** [n.] 화요일

Teil 2 ● ● ○

▶ **Beispiel**

① aus Budapest

② Ankunftshalle

aus [prp.] ~에서 ｜ **die Ankunftshalle** [n.] 도착 대합실

▶ **Aufgabe 7**

① fängt an

② bietet

③ an

④ Wahl

anfangen [v.] 시작하다 ｜ **anbieten** [v.] 제공하다 ｜ **die Wahl** [n.] 선택

▶ **Aufgabe 8**

① Praxis

② Dezember

③ Wiederhören

die Praxis [n.] 개인병원 ｜ **der Dezember** [n.] 12월 ｜ **das Wiederhören** [n.] 안녕히 계세요 (전화나 라디오 끝날 때 하는 인사)

▶ **Aufgabe 9**

① rufen

② an

③ Ihren

④ Ihre

⑤ so schnell wie möglich

anrufen [v.] 전화하다 ｜ **so schnell wie möglich** 가능한 한 빠르게

▶ **Aufgabe 10**

① Zucker

② Salz

③ Tomatensaft

④ Käse

⑤ Fisch

der Zucker [n.] 설탕 ｜ **das Salz** [n.] 소금 ｜ **der Tomatensaft** [n.] 토마토주스 ｜ **der Käse** [n.] 치즈 ｜ **der Fisch** [n.] 생선

Teil 3 ● ● ●

▶ **Aufgabe 11**

① Am Wochenende

② Deswegen

③ möglichst

am Wochenende 주말에 ｜ **deswegen** [cj.] 그래서 ｜ **möglichst** [a.] 가능한 한

▶ **Aufgabe 12**

① Mittwoch

② morgen

③ vorbeikommen

der Mittwoch [n.] 수요일 ｜ **morgen** [adv.] 내일 ｜ **vorbeikommen** [v.] 들리다

▶ **Aufgabe 13**

정답 ① waren

② mit dem Umzug

③ natürlich

어휘 **waren** [v.] ~이었다 (sein의 과거) | **der Umzug** 이사 | **natürlich** [a.] 당연히

▶ **Aufgabe 14**

정답 ① war

② tut

③ weh

④ viel besser

어휘 **waren** [v.] ~이었다 (sein의 과거) | **wehtun** [v.] 아프다 | **viel** [adv.] 많이 | **besser** [a.] 더 좋은

▶ **Aufgabe 15**

정답 ① wollten

② bei mir

③ Ruf

④ zurück

어휘 **wollten** [m.v] ~하고 싶었다 (wollen의 과거) | **bei mir** 나에게 | **zurückrufen** [v.] 다시 연락하다

문제에서 나온 단어들은 틈틈이 복습하고 시험 보기 전 최종 점검용으로 활용할 수 있습니다.

공부한 날짜   월   일

듣기

	Deutsch	Koreanisch	check
1	☐ anbieten	[v.] 제공하다	
2	☐ anfangen	[v.] 시작하다	
3	☐ anrufen	[v.] 전화하다	
4	☐ auf jeden Fall	반드시	
5	☐ außer	[prp.] (무엇의) 이외에, 밖에	
6	☐ bekommen	[v.] 받다	
7	☐ übermorgen	[adv.] 모레	
8	☐ besser	[a.] 더 좋은	
9	☐ bestimmt	[adv.] 확실히	
10	☐ das Geburtstagskind	[n.] 생일을 맞이한 아이	
11	☐ das Geschenk	[n.] 선물	
12	☐ das Hähnchen	[n.] 치킨	
13	☐ das Kilo	[n.] 킬로 (킬로그램의 약자)	
14	☐ das Mehl	[n.] 밀가루	
15	☐ das Salz	[n.] 소금	
16	☐ das Verkehrsmittel	[n.] 교통수단	
17	☐ das Wetter	[n.] 날씨	
18	☐ das Wiederhören	[n.] (전화나 라디오 끝날 때 하는 인사) 안녕히 계세요	
19	☐ der Anrufbeantworter	[n.] 자동응답기	
20	☐ der Einstufungstest	[n.] 배정 시험	
21	☐ der Fisch	[n.] 생선	
22	☐ der Flug	[n.] 비행기	

23	☐ der Garten	[n.] 정원	
24	☐ der Käse	[n.] 치즈	
25	☐ der Mantel	[n.] 코트	
26	☐ der Saft	[n.] 주스	
27	☐ der Spaß	[n.] 즐거움	
28	☐ der Sprachkurs	[n.] 어학 강좌	
29	☐ der Strand	[n.] 비치, 해변	
30	☐ der Termin	[n.] 일정	
31	☐ der Tomatensaft	[n.] 토마토 주스	
32	☐ der Umzug	[n.] 이사	
33	☐ der Urlaub	[n.] 휴가	
34	☐ der Zucker	[n.] 설탕	
35	☐ deshalb	그래서	
36	☐ die Erkältung	[n.] 감기	
37	☐ die Flasche	[n.] 병	
38	☐ die Milch	[n.] 우유	
39	☐ die Pizza	[n.] 피자	
40	☐ die Renovierung	[n.] 수리	
41	☐ die Sprechzeit	[n.] 면담 시간	
42	☐ die Straßenbahn	[n.] 전차, 트램	
43	☐ die Volkshochschule	[n.] 평생교육원	
44	☐ die Wahl	[n.] 선택	
45	☐ dort	[adv.] 거기에서	
46	☐ eigentlich	[adv.] 원래	
47	☐ einladen	[v.] 초대하다	
48	☐ endlich	[adv.] 드디어	
49	☐ entweder A oder B	A 아니면 B	
50	☐ er Aufzug	[n.] 엘리베이터	
51	☐ etwas Besonderes	무엇인가 특별한	
52	☐ fliegen	[v.] 비행하다	
53	☐ gefallen	[v.] (누구에게) 마음에 들다	

54	☐ genießen	[v.] 즐기다	
55	☐ geschlossen	[a.] 닫힌	
56	☐ glauben	[v.] 생각하다, 믿다	
57	☐ haben…gemacht	[v.] 했다 (machen의 현재완료)	
58	☐ hatten	[v.] 가졌다 (haben의 과거)	
59	☐ hinterlassen	[v.] 남기다	
60	☐ Hühncherfleisch	[n.] 닭고기	
61	☐ im dritten Stock	3층에서 (한국식 4층)	
62	☐ jeden Monat	매달	
63	☐ lecker	[a.] 맛있는	
64	☐ letztes Jahr	지난 해	
65	☐ möglichst	[a.] 가능한 한	
66	☐ mussten	[m.v] ~해야만 했다 (müssen의 과거)	
67	☐ nehmen	[v.] 타다, 잡다	
68	☐ nur	[adv.] ~만, 오직	
69	☐ organisieren	[v.] 계획하다	
70	☐ passen	[v.] (~에게) 알맞다	
71	☐ Rindfleisch	[n.] 소고기	
72	☐ schwer	[a.] 어려운	
73	☐ sich vorstellen	[v.] 상상하다	
74	☐ so schnell wie möglich	가능한 한 빠르게	
75	☐ stark	[a.] 심한	
76	☐ stressig	[a.] 스트레스를 주는	
77	☐ vorbeikommen	[v.] 들르다	
78	☐ wahr	[a.] 사실인	
79	☐ warum	[adv.] 왜	
80	☐ wegen	[prp.] ~때문에	
81	☐ wie weit	얼마나 먼	
82	☐ wieder	[adv.] 다시	
83	☐ woanders	[adv.] 어딘가 다른 곳에서	
84	☐ womit	~을 타고	

85	☐ ziemlich	[adv.] 꽤	
86	☐ zu Fuß	걸어서	
87	☐ zurückrufen	[v.] 다시 연락하다	

확인하기

	Koreanisch	Deutsch
1	☐ [v.] 제공하다	
2	☐ [v.] 시작하다	
3	☐ [v.] 전화하다	
4	☐ 반드시	
5	☐ [prp.] (무엇의) 이외에, 밖에	
6	☐ [v.] 받다	
7	☐ [adv.] 모레	
8	☐ [a.] 더 좋은	
9	☐ [adv.] 확실히	
10	☐ [n.] 생일을 맞이한 아이	
11	☐ [n.] 선물	
12	☐ [n.] 치킨	
13	☐ [n.] 킬로 (킬로그램의 약자)	
14	☐ [n.] 밀가루	
15	☐ [n.] 소금	
16	☐ [n.] 교통수단	
17	☐ [n.] 날씨	
18	☐ [n.] (전화나 라디오 끝날 때 하는 인사) 안녕히 계세요	
19	☐ [n.] 자동응답기	
20	☐ [n.] 배정 시험	
21	☐ [n.] 생선	
22	☐ [n.] 비행기	
23	☐ [n.] 정원	
24	☐ [n.] 치즈	
25	☐ [n.] 코트	
26	☐ [n.] 주스	
27	☐ [n.] 즐거움	
28	☐ [n.] 어학 강좌	

29	☐ [n.] 비치, 해변	
30	☐ [n.] 일정	
31	☐ [n.] 토마토 주스	
32	☐ [n.] 이사	
33	☐ [n.] 휴가	
34	☐ [n.] 설탕	
35	☐ 그래서	
36	☐ [n.] 감기	
37	☐ [n.] 병	
38	☐ [n.] 우유	
39	☐ [n.] 피자	
40	☐ [n.] 수리	
41	☐ [n.] 면담 시간	
42	☐ [n.] 전차, 트램	
43	☐ [n.] 평생교육원	
44	☐ [n.] 선택	
45	☐ [adv.] 거기에서	
46	☐ [adv.] 원래	
47	☐ [v.] 초대하다	
48	☐ [adv.] 드디어	
49	☐ A 아니면 B	
50	☐ [n.] 엘리베이터	
51	☐ 무엇인가 특별한	
52	☐ [v.] 비행하다	
53	☐ [v.] (누구에게) 마음에 들다	
54	☐ [v.] 즐기다	
55	☐ [a.] 닫힌	
56	☐ [v.] 생각하다, 믿다	
57	☐ [v.] 했다 (machen의 현재완료)	
58	☐ [v.] 가졌다 (haben의 과거)	
59	☐ [v.] 남기다	

60	☐ [n.] 닭고기	
61	☐ 3층에서 (한국식 4층)	
62	☐ 매달	
63	☐ [a.] 맛있는	
64	☐ 지난 해	
65	☐ [a.] 가능한 한	
66	☐ [m.v] ~해야만 했다 (müssen의 과거)	
67	☐ [v.] 타다, 잡다	
68	☐ [adv.] ~만, 오직	
69	☐ [v.] 계획하다	
70	☐ [v.] (~에게) 알맞다	
71	☐ [n.] 소고기	
72	☐ [a.] 어려운	
73	☐ [v.] 상상하다	
74	☐ 가능한 한 빠르게	
75	☐ [a.] 심한	
76	☐ [a.] 스트레스를 주는	
77	☐ [v.] 들르다	
78	☐ [a.] 사실인	
79	☐ [adv.] 왜	
80	☐ [prp.] ~때문에	
81	☐ 얼마나 먼	
82	☐ [adv.] 다시	
83	☐ [adv.] 어딘가 다른 곳에서	
84	☐ ~을 타고	
85	☐ [adv.] 꽤	
86	☐ 걸어서	
87	☐ [v.] 다시 연락하다	

	Deutsch	Koreanisch	check
1	☐ am Vormittag	오전에	
2	☐ ankommen	[v.] 도착하다	
3	☐ ärgerlich	[a.] 화나게 하는	
4	☐ as Theater	[n.] 극장	
5	☐ außerdem	[adv.] 그밖에도	
6	☐ besorgen	[v.] 구매하다	
7	☐ billig	[a.] 저렴한	
8	☐ brauchen	[v.] 필요하다	
9	☐ das Altgerät	[n.] 오래된 기계	
10	☐ das Kino	[n.] 영화관	
11	☐ das Klima	[n.] 기후	
12	☐ das Mittagsgericht	[n.] 점심 메뉴	
13	☐ das Notebook	[n.] 노트북	
14	☐ das Stück	[n.] 한 개 (독립되어 있는 개수를 나타냄)	
15	☐ das Tablet	[n.] 태블릿	
16	☐ das Umsteigen	[n.] 환승	
17	☐ der Brief	[n.] 편지	
18	☐ der Busverkehr	[n.] 버스 운행	
19	☐ der Drucker	[n.] 인쇄기	
20	☐ der Film	[n.] 영화	
21	☐ der Hals	[n.] 목	
22	☐ der Kurier	[n.] 가지고 오는 사람	
23	☐ der Motorroller	[n.] 스쿠터	
24	☐ der Silvesterabend	[n.] 한 해의 마지막 밤	
25	☐ der Sonderpreis	[n.] 특가	
26	☐ der Treffpunkt	[n.] 만나는 장소	
27	☐ der Umsteigebahnhof	[n.] 환승역	
28	☐ der Verkauf	[n.] 판매	

29	☐ der Wetterdienst	[n.] 날씨 서비스	
30	☐ die Änderung	[n.] 변동	
31	☐ die Dinge	[n.] 지칭하기 어려운 사물	
32	☐ die Hilfe	[n.] 도움	
33	☐ die Krankheit	[n.] 질병	
34	☐ die Nachricht	[n.] 소식	
35	☐ die Nase	[n.] 코	
36	☐ die Neueröffnung	[n.] 신규 오픈	
37	☐ die Praxis	[n.] 개인 병원	
38	☐ die Reparatur	[n.] 수리	
39	☐ die Sehenswürdigkeit	[n.] 명소	
40	☐ die Software	[n.] 소프트웨어	
41	☐ die Sprechstunde	[n.] 면담 시간	
42	☐ die Umweltinfo	[n.] 환경 정보	
43	☐ die Videothek	[n.] 비디오 대여점	
44	☐ die Vorlesung	[n.] 낭송, 낭독	
45	☐ die Warnung	[n.] 경고	
46	☐ die Zutate	[n.] 재료, 성분	
47	☐ eillig	[a.] 서둘러야 할	
48	☐ ein paar Tipps	몇 가지 팁	
49	☐ frühstücken	[v.] 아침 식사 하다	
50	☐ geben	[v.] 주다	
51	☐ gebracht	[p.a] 가지고 오는	
52	☐ genau	[adv.] 정확히	
53	☐ geöffnet	[a.] 열려 있는	
54	☐ immer	[adv.] 항상	
55	☐ in allen Preisklassen	모든 가격대의	
56	☐ in Köln	쾰른에서	
57	☐ inkl.	~을 포함하여 (inklusive의 약자)	
58	☐ kaputt	[a.] 고장 난	
59	☐ kaufen	[v.] 사다, 구입하다	

60	☐ klicken	[v.] 클릭하다	
61	☐ (pl.) Klimadaten	[n.] 기후 데이터	
62	☐ langsam	[adv.] 서서히	
63	☐ mit dem Zug	기차를 타고	
64	☐ müssen	[v.] ~해야만 한다	
65	☐ neu	[a.] 새로운	
66	☐ oft	[adv.] 자주	
67	☐ preisgekrönt	[a.] 수상한, 상을 받은	
68	☐ probieren	[v.] 맛보다	
69	☐ professionell	[a.] 전문적인	
70	☐ regional	[a.] 현지의, 지역의	
71	☐ sehen	[v.] 보다	
72	☐ sich auskennen	[v.] ~에 대하여 잘 알다	
73	☐ solch	이런	
74	☐ speziell	[adv.] 특별히	
75	☐ stattfinden	[v.] 열리다, 개최하다	
76	☐ suchen	[v.] 찾다	
77	☐ um halb neun	8시 반	
78	☐ um...zu	~하기 위해서	
79	☐ vielleicht	[adv.] 혹시	
80	☐ weil	왜냐하면	
81	☐ weiter	[adv.] 더 이상	
82	☐ welch	[prn.] 어느	
83	☐ werden...geliefert	[v.] 배달되다 (liefern의 수동태)	
84	☐ werden...repariert	[v.] 수리되다 (reparieren의 수동태)	
85	☐ zuverlässig	[adv.] 확실하게	

확인하기

	Koreanisch	Deutsch
1	□ 오전에	
2	□ [v.] 도착하다	
3	□ [a.] 화나게 하는	
4	□ [n.] 극장	
5	□ [adv.] 그밖에도	
6	□ [v.] 구매하다	
7	□ [a.] 저렴한	
8	□ [v.] 필요하다	
9	□ [n.] 오래된 기계	
10	□ [n.] 영화관	
11	□ [n.] 기후	
12	□ [n.] 점심 메뉴	
13	□ [n.] 노트북	
14	□ [n.] 한 개 (독립되어 있는 개수를 나타냄)	
15	□ [n.] 태블릿	
16	□ [n.] 환승	
17	□ [n.] 편지	
18	□ [n.] 버스 운행	
19	□ [n.] 인쇄기	
20	□ [n.] 영화	
21	□ [n.] 목	
22	□ [n.] 가지고 오는 사람	
23	□ [n.] 스쿠터	
24	□ [n.] 한 해의 마지막 밤	
25	□ [n.] 특가	
26	□ [n.] 만나는 장소	
27	□ [n.] 환승역	
28	□ [n.] 판매	

29	☐ [n.] 날씨 서비스	
30	☐ [n.] 변동	
31	☐ [n.] 지칭하기 어려운 사물	
32	☐ [n.] 도움	
33	☐ [n.] 질병	
34	☐ [n.] 소식	
35	☐ [n.] 코	
36	☐ [n.] 신규 오픈	
37	☐ [n.] 개인 병원	
38	☐ [n.] 수리	
39	☐ [n.] 명소	
40	☐ [n.] 소프트웨어	
41	☐ [n.] 면담 시간	
42	☐ [n.] 환경 정보	
43	☐ [n.] 비디오 대여점	
44	☐ [n.] 낭송, 낭독	
45	☐ [n.] 경고	
46	☐ [n.] 재료, 성분	
47	☐ [a.] 서둘러야 할	
48	☐ 몇 가지 팁	
49	☐ [v.] 아침 식사 하다	
50	☐ [v.] 주다	
51	☐ [p.a] 가지고 오는	
52	☐ [adv.] 정확히	
53	☐ [a.] 열려 있는	
54	☐ [adv.] 항상	
55	☐ 모든 가격대의	
56	☐ 쾰른에서	
57	☐ ~을 포함하여 (inklusive의 약자)	
58	☐ [a.] 고장 난	
59	☐ [v.] 사다, 구입하다	

60	☐ [v.] 클릭하다	
61	☐ [n.] 기후 데이터	
62	☐ [adv.] 서서히	
63	☐ 기차를 타고	
64	☐ [v.] ~해야만 한다	
65	☐ [a.] 새로운	
66	☐ [adv.] 자주	
67	☐ [a.] 수상한, 상을 받은	
68	☐ [v.] 맛보다	
69	☐ [a.] 전문적인	
70	☐ [a.] 현지의, 지역의	
71	☐ [v.] 보다	
72	☐ [v.] ~에 대하여 잘 알다	
73	☐ 이런	
74	☐ [adv.] 특별히	
75	☐ [v.] 열리다, 개최하다	
76	☐ [v.] 찾다	
77	☐ 8시 반	
78	☐ ~하기 위해서	
79	☐ [adv.] 혹시	
80	☐ 왜냐하면	
81	☐ [adv.] 더 이상	
82	☐ [prn.] 어느	
83	☐ [v.] 배달되다 (liefern의 수동태)	
84	☐ [v.] 수리되다 (reparieren의 수동태)	
85	☐ [adv.] 확실하게	

쓰기, 말하기

	Deutsch	Koreanisch	check
1	□ schreiben	[v.] 적다	
2	□ (pl.) die Eltern	[n.] 부모	
3	□ aufhören	[v.] 그만두다	
4	□ ausmachen	[v.] ~을 끄다	
5	□ ausziehen	[v.] 벗다	
6	□ das Ausland	[n.] 외국	
7	□ das Doppelzimmer	[n.] 더블룸	
8	□ das Einzelkind	[n.] 외동	
9	□ das Einzelzimmer	[n.] 1인실	
10	□ das Geschwister	[n.] 형제, 자매	
11	□ das Gleis	[n.] 게이트, 레일	
12	□ das Haustier	[n.] 애완동물, 가축	
13	□ das Lieblingsgericht	[n.] 가장 좋아하는 요리	
14	□ das Lieblingsrestaurant	[n.] 가장 좋아하는 식당	
15	□ das Mitglied	[n.] 구성원	
16	□ das Wasser	[n.] 물	
17	□ das Zimmer	[n.] 방, 객실	
18	□ der Antwortbogen	[n.] 해답지	
19	□ der Ausflug	[n.] 소풍	
20	□ der Fernseher	[n.] 텔레비전	
21	□ der Hauptbahnhof	[n.] 중앙역	
22	□ der Koffer	[n.] 여행용 가방	
23	□ die Abreise	[n.] 출발	
24	□ die Kamera	[n.] 카메라	
25	□ die Lösung	[n.] 답	
26	□ die Sorge	[n.] 걱정, 염려	
27	□ die Unterschrift	[n.] 서명, 사인	
28	□ die Weinflasche	[n.] 와인 병	

29	□ die Woche	[n.] 주	
30	□ genauer gesagt	더 정확하게 말하면	
31	□ haben...gegessen	[v.] 먹었다 (essen의 현재완료)	
32	□ haben...geputzt	[v.] 닦았다 (putzen의 현재완료)	
33	□ in dieser Woche	이번 주에	
34	□ japanisch	[a.] 일본의	
35	□ lernen	[v.] 배우다	
36	□ lieber	[a.] 더 즐겨 (gern의 비교급)	
37	□ mieten	[v.] 빌리다	
38	□ reservieren	[v.] 예약하다	
39	□ sich kümmern um	[v.] 돌보다	
40	□ sich treffen	[v.] 만나다	
41	□ tragen	[v.] ~을 입다, 신다	
42	□ vergessen	[v.] 잊다	
43	□ vorlesen	[v.] 읽다, 낭독하다	
44	□ wie viele	얼마나 많은	

확인하기

	Koreanisch	Deutsch
1	□ [v.] 적다	
2	□ [n.] 부모	
3	□ [v.] 그만두다	
4	□ [v.] ~을 끄다	
5	□ [v.] 벗다	
6	□ [n.] 외국	
7	□ [n.] 더블룸	
8	□ [n.] 외동	
9	□ [n.] 1인실	
10	□ [n.] 형제, 자매	
11	□ [n.] 게이트, 레일	
12	□ [n.] 애완동물, 가축	
13	□ [n.] 가장 좋아하는 요리	
14	□ [n.] 가장 좋아하는 식당	
15	□ [n.] 구성원	
16	□ [n.] 물	
17	□ [n.] 방, 객실	
18	□ [n.] 해답지	
19	□ [n.] 소풍	
20	□ [n.] 텔레비전	
21	□ [n.] 중앙역	
22	□ [n.] 여행용 가방	
23	□ [n.] 출발	
24	□ [n.] 카메라	
25	□ [n.] 답	
26	□ [n.] 걱정, 염려	
27	□ [n.] 서명, 사인	
28	□ [n.] 와인 병	

29	□ [n.] 주	
30	□ 더 정확하게 말하면	
31	□ [v.] 먹었다 (essen의 현재완료)	
32	□ [v.] 닦았다 (putzen의 현재완료)	
33	□ 이번 주에	
34	□ [a.] 일본의	
35	□ [v.] 배우다	
36	□ [a.] 더 즐겨 (gern의 비교급)	
37	□ [v.] 빌리다	
38	□ [v.] 예약하다	
39	□ [v.] 돌보다	
40	□ [v.] 만나다	
41	□ [v.] ~을 입다, 신다	
42	□ [v.] 잊다	
43	□ [v.] 읽다, 낭독하다	
44	□ 얼마나 많은	

제3회

실전
모의고사

A1

Kandidatenblätter

Hören
circa 20 Minuten

Dieser Test hat drei Teile. Sie hören
kurze Gespräche und Ansagen.
Zu jedem Text gibt es eine Aufgabe.
Lesen Sie zuerst die Aufgabe,
hören Sie dann den Text dazu.

Kreuzen Sie die richtige Lösung an.

Schreiben Sie zum Schluss Ihre
Lösungen auf den **Antwortbogen.**

Teil 1 ● ● ●   (MP3 03_01)

Was ist richtig?
Kreuzen Sie an: [a], [b] oder [c].
Sie hören jeden Text **zweimal.**

Beispiel

0   Welche Zimmernummer hat Herr Schneider?

[a] Zimmer 240.   [b] Zimmer 245.   ☒ Zimmer 254.

vom Goethe-Institut

1 Was bestellt die Frau im Restaurant?

ⓐ Hähnchen ⓑ Hähnchen Salat ⓒ Pizza und Cola

2 Wie viel kostet das Ticket?

ⓐ € 90 ⓑ € 195 ⓒ € 390

3 Wo kommt der Zug an?

ⓐ Gleis 5 ⓑ Gleis 15 ⓒ Gleis 55

4 Wie viel kosten die schwarzen Turnschuhe?

a 98,50 € b 89,50 € c 115 €

5 Wann gehen die beiden ins Museum?

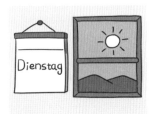  

a Am
Dienstagnachmittag

b Am
Mittwochnvormittag

c Am
Freitagtagnachmittag

6 Wo gibt es die Modenschau?

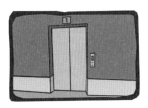 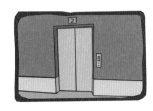 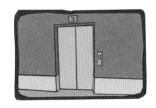

a 1. Stock b 2. Stock c 3. Stock

Hören
Modellsatz

Teil 2 ● ● ●

MP3 03_02

Kreuzen Sie an: [Richtig] oder [*Falsch*].
Sie hören jeden Text **einmal.**

Beispiel

0   Die Reisende soll zur Information in Halle C. kommen.   [~~Richtig~~]   [*Falsch*]

                                                                                vom Goethe-Institut

7   Frau Drakcic kann die Wohnung am Samstagvormitag
        sehen.   [Richtig]   [*Falsch*]

8   Es ist immer noch kalt.   [Richtig]   [*Falsch*]

9   Heute gibt es ein Basketballspiel: Deutschland gegen die
        Türkei.   [Richtig]   [*Falsch*]

10 Der Laden ist auch am Dienstag geöffnet.   [Richtig]   [*Falsch*]

Teil 3 • • •   MP3 03_03

Was ist richtig?
Kreuzen Sie an: a, b oder c.
Sie hören jeden Text **zweimal.**

11 Wen hat die Frau angerufen?

- a Den Arzt
- b Den Sohn
- c Die Lehrerin

12 Wie viel hat die Karte gekostet?

- a 15 Euro
- b 30 Euro
- c 50 Euro

13 Was will der Student der Lehrerin schenken?

- a Ein Buch
- b Einen Kalender
- c Blumen

14 Womit fährt morgen Matias?

- a Mit dem Zug
- b Mit dem Fahrrad
- c Mit dem Auto

15 Welche Nummer hat Joachim?

- a 0180/4553678
- b 0180/4556678
- c 0180/4456678

Ende des Tests Hören.
Schreiben Sie jetzt Ihre Lösungen 1 bis 15 auf den **Antwortbogen.**

Kandidatenblätter

Lesen
Schreiben
circa 45 Minuten

Lesen, circa 25 Minuten
Dieser Test hat drei Teile.
Sie lesen kurze Briefe, Anzeigen etc.
Zu jedem Text gibt es Aufgaben.
Kreuzen Sie die richtige Lösung an.

Schreiben, circa 20 Minuten
Dieser Test hat zwei Teile.
Sie füllen ein Formular aus und
schreiben einen kurzen Text.

Schreiben Sie zum Schluss Ihre
Lösungen auf den **Antwortbogen.**
Wörterbücher sind nicht erlaubt.

Teil 1 • • •

Lesen Sie die beiden Texte und die Aufgaben 1 bis 5.
Kreuzen Sie an: Richtig oder *Falsch* .

Beispiel

0   Jasmin trifft am Wochenende ihre Geschwister.    Richtig   ~~*Falsch*~~

von jasminluv@dongyangbooks.com

an   robert132@dongyangbooks.com

Hallo Roberto,

danke für deine Mail. Leider können wir uns am Sonntag nicht treffen! Ich fahre nach München. Mein Vater hat Geburtstag, da gibt es ein großes Familientreffen. Meine Schwester kommt aus Frankreich und meine anderen Geschwister sind auch alle da. Ich komme nächste Woche Mittwoch zurück. Vielleicht können wir nächste Woche einmal zusammen essen? Dann hoffentlich bis bald!

Viele Grüße
Jasmin

1   Jasmin will Roberto in der nächsten Woche sehen.   Richtig   *Falsch*

2   Die beiden wohnen in München.   Richtig   *Falsch*

von mirr-85@dongyangbooks.com

an tomm2010@dongyangbooks.com

Lieber Tom,

vielen Dank für deine Einladung zur Hochzeit. Es tut mir wirklich Leid. Ich kann am Sonntag Abend nicht kommen. Es ist sehr schade, dass ich nicht teilnehmen kann. Ich muss am Wochenende auf eine Geschäftsreise gehen. Ich muss nach Japan und bin erst am 4. Januar zurück. Vielleicht können wir nächste Woche etwas unternehmen. Ich will auch ein schönes Geschenk für dich vorbereiten.

Liebe Grüße
Miriam

3 Miriam hat nächste Woche ihre Hochzeit. Richtig *Falsch*

4 Miriam geht unter der Woche auf eine Geschäftsreise. Richtig *Falsch*

5 Tom wird ein schönes Geschenk bekommen. Richtig *Falsch*

Teil 2 ● ● ○

Lesen Sie die Texte und die Aufgaben 6 bis 10.
Wo finden Sie die Informationen? Kreuzen Sie an: a, oder b.

Beispiel

0   Sie sind in Köln und möchten am Abend in Frankfurt sein. Sie möchten mit dem
     Zug fahren.

vom Goethe-Institut

☒ www-reiseauskunft-bahn.de

b www.reiseportal.de

6   Sie wollen in Deutschland Urlaub machen und auch weiter Deutsch lernen.

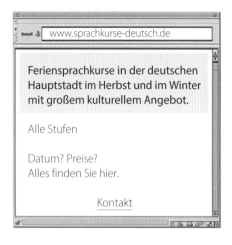

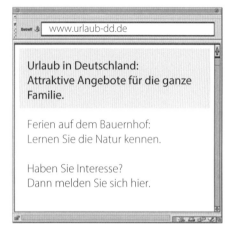

a www.sprachkurse-deutsch.de

b www.urlaub-dd.de

7 Sie möchten mit zwei Freunden Dortmund kennenlernen.

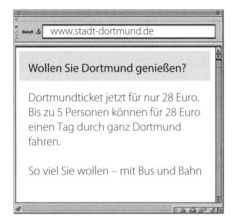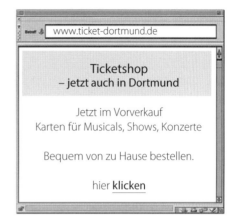

    a www.stadt-dortmund.de

    b www.ticket-dortmund.de

8 Sie wollen im Internet deutsche Bücher kaufen.

    a www.buchladen.de

    b www.buch-bestellen.de

9 Sie möchten in Deutschland eine Schiffreise machen und auch eine Stadt besuchen.

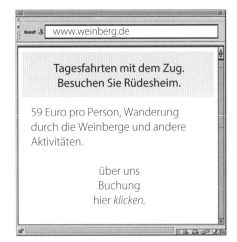

a www.party-jedentag.de

b www.weinberg.de

10 Sie möchten im Internet eine Theaterkarte reservieren.

a www.tourismus-info.de

b www.service-tour.de

Teil 3 ● ● ●

Lesen Sie die Texte und die Aufgaben 11 bis 15.
Kreuzen Sie an: ⬚ Richtig ⬚ oder ⬚ *Falsch* ⬚.

Beispiel   An der Tür der **Sprachschule**

0   Zum Deutsch Lernen gehen Sie in die Beethovenstraße 23.   ⬚R̶i̶c̶h̶t̶i̶g̶⬚   ⬚ *Falsch* ⬚

vom Goethe-Institut

> ## SPRACHZENTRUM
> ### Das Sprachzentrum ist umgezogen.
> ### Sie finden uns jetzt in der
> ### Beethovenstr. 23

11   In der **Schule**

> # Die Klasse von Frau Masuch
> # findet heute nicht statt.
> # Weitere Informationen im
> # Sekretariat.

Es gibt heute keinen Unterricht bei Frau Masuch.   ⬚ Richtig ⬚   ⬚ *Falsch* ⬚

12 Am *Bahnhof*

Wegen Reparaturarbeiten fahren von
Gleis 3 und 4 heute keine Züge.

Informationen jeder Zeit in der
Bahnhofshalle.

Gleis 3 und 4 sind heute geschlossen.

| Richtig | Falsch |

13 An der *Haltestelle*

Busverkehr Linie 7 am Wochenende:

Samstag 6.00 – 18.00 alle 20 Minuten

Nach 18.00 kein Busverkehr

Sonntag 8.00 – 21.00 alle 30 Minuten

Nach 21.00 Kein Busverkehr

Sonntagnacht fahren sehr wenige Busse.

| Richtig | Falsch |

14 Im *Restaurant*

Oskar Restaurant

mit Musik und Steaks im Garten

wochentags bis 22 Uhr.
Freitags und samstags bis 23 Uhr.
Das Restaurant schließt um 24 Uhr.

Tischreservierung Tel: 053 32 833

Am Mittwochabend können Sie bis 23 im Garten sitzen. | Richtig | | *Falsch* |

15 An einer *Haltestelle*

Wegen Bauarbeiten ist die Haltestelle verlegt.

150 Meter links
an der Ecke Papenburg Straße

Es gibt keine Haltestelle mehr. | Richtig | | *Falsch* |

Teil 1 • •

Ihr Freund, Hans Alvarez, möchte seine Tochter Katrin beim Sportverein BSW anmelden. Katrin ist 10 Jahre alt und möchte Tennis spielen. Alvarez wohnt in Essen. Herr Alvarez möchte den Mitgliedsbeitrag alle drei Monate überweisen.

In dem Formular fehlen fünf Informationen.
Helfen Sie Ihrer Freundin und schreiben Sie die fünf Informationen in das Formular. Am Ende schreiben Sie Ihre Lösungen bitte auf den **Antwortbogen.**

Sportverein BSW

Anmeldung

Name des Kindes :	Katrin	(0)
Nachname des Kindes :		(1)
Straße :	Mühlenstraße 34	
PLZ / ORT :	40231 Essen	
Alter :	10 Jahre alt	
Geschlecht :	männlich ☐ weiblich ☐	(2)
Interessen/Sportarten :		(3)

Monatsbeitrag

Kinder bis 12 Jahre   ☐ 10 €

Kinder von 13-18 Jahren   ☐ 15 €   (4)

zahlbar durch Abbuchung von Konto 315560-232

bei der Postbank Essen BLZ 200 400 10

Zahlungsweise :

☐ monatlich   ☐ vierteljährlich   ☐ halbjährlich   (5)

Unterschrift des Vaters/der Mutter

Alvaerz

Teil 2 ● ●

Sie wollten heute Abend mit einem Freund / einer Freundin ins Kino gehen. Sie sind aber krank und können nicht. Schreiben Sie Ihrem Freund / Ihrer Freundin.

— Warum schreiben Sie?
— Wie geht es Ihnen?
— Wann treffen Sie sich wieder?

Schreiben Sie zu jedem Punkt ein bis zwei Sätze auf den Antwortbogen (circa 30 Wörter). Schreiben Sie auch eine Anrede und einen Gruß.

Kandidatenblätter

Sprechen
circa 15 Minuten

Dieser Test hat drei Teile.

Sprechen Sie bitte in der Gruppe.

Teil 1 ● ● ●   Sich vorstellen.

Name?

Alter?

Land?

Wohnort?

Sprachen?

Beruf?

Hobby?

Sprechen
Modellsatz

Teil 2 ● ● ● Um Informationen fragen und Informationen geben.

A

Start Deutsch 1	Sprechen Teil 2
Übungssatz 01	Kandidatenblätter
Thema: Gesundheit	

schlafen

Start Deutsch 1	Sprechen Teil 2
Übungssatz 01	Kandidatenblätter
Thema: Gesundheit	

Sport machen

Start Deutsch 1	Sprechen Teil 2
Übungssatz 01	Kandidatenblätter
Thema: Gesundheit	

krank sein

Start Deutsch 1	Sprechen Teil 2
Übungssatz 01	Kandidatenblätter
Thema: Gesundheit	

rauchen

Start Deutsch 1	Sprechen Teil 2
Übungssatz 01	Kandidatenblätter
Thema: Gesundheit	

Praxis

Start Deutsch 1	Sprechen Teil 2
Übungssatz 01	Kandidatenblätter
Thema: Gesundheit	

Essen

B

Start Deutsch 1	Sprechen Teil 2
Übungssatz 01	Kandidatenblätter
Thema: lernen	

Internet

Start Deutsch 1	Sprechen Teil 2
Übungssatz 01	Kandidatenblätter
Thema: lernen	

Sprachen

Start Deutsch 1	Sprechen Teil 2
Übungssatz 01	Kandidatenblätter
Thema: lernen	

Fach

Start Deutsch 1	Sprechen Teil 2
Übungssatz 01	Kandidatenblätter
Thema: lernen	

Lehrer

Start Deutsch 1	Sprechen Teil 2
Übungssatz 01	Kandidatenblätter
Thema: lernen	

Bücher

Start Deutsch 1	Sprechen Teil 2
Übungssatz 01	Kandidatenblätter
Thema: lernen	

zu Hause sein

Sprechen
Modellsatz

Teil 3 ● ● ●   Bitte formulieren und darauf reagieren.

A

| Goethe-Zertifikat A1 | Sprechen Teil3 |
| Modellsatz | Kandidatenblätter |

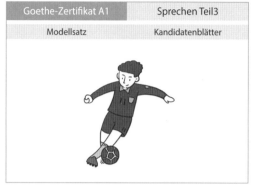

| Goethe-Zertifikat A1 | Sprechen Teil3 |
| Modellsatz | Kandidatenblätter |

| Goethe-Zertifikat A1 | Sprechen Teil3 |
| Modellsatz | Kandidatenblätter |

| Goethe-Zertifikat A1 | Sprechen Teil3 |
| Modellsatz | Kandidatenblätter |

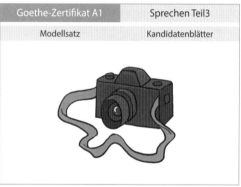

| Goethe-Zertifikat A1 | Sprechen Teil3 |
| Modellsatz | Kandidatenblätter |

| Goethe-Zertifikat A1 | Sprechen Teil3 |
| Modellsatz | Kandidatenblätter |

B

Goethe-Zertifikat A1	Sprechen Teil3
Modellsatz	Kandidatenblätter

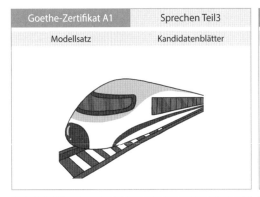

Goethe-Zertifikat A1	Sprechen Teil3
Modellsatz	Kandidatenblätter

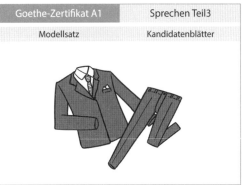

Goethe-Zertifikat A1	Sprechen Teil3
Modellsatz	Kandidatenblätter

Goethe-Zertifikat A1	Sprechen Teil3
Modellsatz	Kandidatenblätter

Goethe-Zertifikat A1	Sprechen Teil3
Modellsatz	Kandidatenblätter

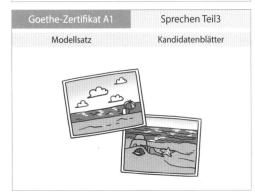

Goethe-Zertifikat A1	Sprechen Teil3
Modellsatz	Kandidatenblätter

Teil 1 ● ● ●

▶ **Beispiel**

Frau	Ach, Verzeihung, wo finde ich Herr Schneider vom Betriebsrat?
Mann	Schneider. ① _____ _____ _____. Ich glaube, der ist ② _____ _____ _____ 254. Ja, stimmt, Zimmer 254. Das ist im zweiten Stock. Da können Sie den Aufzug dort nehmen.
Frau	Zweiter Stock, Zimmer 254. ③ _____, vielen Dank.

▶ **Aufgabe 1**

Mann	Guten Tag. Was soll ich Ihnen bringen?
Frau	① _____ _____ _____ eine Pizza mit Cola.
Mann	Gerne. Hier sind unsere Tagesgerichte für heute. Brauchen Sie noch etwas?
Frau	Oh, das ist noch ② _____. Dann nehme ich davon. Ich nehme dann einen Hähnchen-Salat.
Mann	Ja, gern. Brauchen Sie vielleicht ③ _____?
Frau	Nein, danke.

▶ **Aufgabe 2**

Frau	Ich brauche ein Flugticket nach München. Ich möchte ① _____
	_____ am Mittwoch fliegen. ② _____ _____ _____?
Mann	Möchten Sie ein einfaches Ticket oder auch zurück?
Frau	Ist es mit Rückflug billiger?
Mann	Nein, das ist der gleiche Preis: ③ _____ _____ _____
	kosten €390,00 und der einfache Flug kostet die Hälfte.
Frau	Dann nehme ich den einfachen Flug.

▶ **Aufgabe 3**

Frau	Entschuldigung. Wo ① _____ denn der Zug aus Bochum
	② _____? Der Intercity, der kommt doch jetzt gleich, oder?
Mann	Der Intercity aus Bochum, ③ _____ 15.55 Uhr, ④ _____
	auf Gleis 15.
Frau	15.55 Uhr auf Gleis 15. Danke schön.

▶ **Aufgabe 4**

Frau	Gibt es diese Sportschuhe auch ① _____ _____?
Mann	Ja, aber die schwarzen sind nicht ② _____ _____. Die sind also
	etwas teurer, 115 €.
Frau	Was kosten denn die roten Schuhe?
Mann	89,50 €. Die sind im Angebot.
Frau	Das ist auch ③ _____ viel. Ich weiß nicht... 89,50 €... Kann ich
	die Schuhe mal sehen?
Mann	Ja, gern, ich hole sie sofort. Die sind ④ _____ sehr schön!

▶ **Aufgabe 5**

Mann Oh wie ① _____ , heute ist das Museum geschlossen! Wann
können wir es denn sehen?

Frau Das Museum ist ② _____ Dienstag ③ _____ Donnerstag
geöffnet, am Vormittag von 9.00 bis 12.00 Uhr.

Mann Aber wir können nur ④ _____ _____ kommen.

Frau Das Museum ist am Mittwoch und am Freitag von 15.00 bis 17.00
Uhr geöffnet.

Mann Danke, ⑤ _____ kommen wir da wieder.

▶ **Aufgabe 6**

Diese Nachricht ist für die jungen Leute gedacht. Um 14 Uhr ① _____ in
unserer Modeabteilung ② _____ _____ _____ die Modenschau: Es
gibt neue Sommermode für junge Leute. ③ _____ _____ Trends aus
New York. Besuchen Sie uns.

Teil 2 • • ◦

▶ **Beispiel**

Frau Katrin Gundlach, ① _____ aus Budapest, ② _____ zum
Informationsschalter in die Ankunftshalle C ③ _____. Frau Gundlach
bitte zum Informationsschalter in die Ankunftshalle C.

▶ **Aufgabe 7**

Guten Tag, Frau Drakcic, hier ① _____ Gehlert. Danke für Ihren Anruf.
Haben Sie Interesse an der Wohnung? Ich ② _____ sie Ihnen gerne am
Samstag gegen 10.00 Uhr. ③ _____ Sie mich doch bitte ④ _____.

▶ **Aufgabe 8**

① _____ _____ _____ _____: In der Nacht werden die
Temperaturen auf unter 0 Grad sinken. Morgen und am Sonntag
② _____ die Sonne. Es bleibt aber immer noch kalt mit 3 Grad.

▶ **Aufgabe 9**

Hier noch eine ① _____ vom Sport: Heute Abend um 19.30 Uhr findet
in der Mercedes-Benz-Arena in ② _____ das Fußball-Länderspiel
Deutschland gegen die ③ _____ statt. Machen Sie mit!

▶ Aufgabe 10

Ihre neue Brille ist fertig. ① _____ Sie doch ② _____ in dieser
Woche. Wir sind montags bis samstags von 9 bis 12 Uhr und montags bis
freitags auch von 14 bis 18 Uhr für Sie da. ③ _____ _____ ist
unser Geschäft ④ _____.

Teil 3 • • •

▶ **Aufgabe 11**

Guten Morgen, Frau Kaminski. Ich ① _____ meinen Sohn ②
_____. Er ist krank und kann nicht in den Unterricht kommen. Er hat
nur eine ③ _____. Aber der Arzt hat gesagt, Deniz soll zwei bis drei
Tage zu Hause ④ _____ _____ bleiben.

▶ **Aufgabe 12**

Frau Schneider, wie war Ihr Wochenende? Meins war ① _____ _____.
Ich war mit den Kindern im Spielpark in Berlin. Der Eintritt war für
② _____ _____ 30 €, aber weil meine Freundin dort arbeitet, haben
wir die Karten 50% ③ _____ bekommen.

▶ **Aufgabe 13**

Hallo, Tina, unser Kurs ist in zwei Wochen ① _____ _____. Schenken wir
unserer Lehrerin etwas. Vielleicht Blumen oder einen Terminkalender? Oder
wir könnten ihr ein Hörbuch ② _____. Ich finde meine letzte Idee
③ _____ _____.

▶ **Aufgabe 14**

Guten Tag, Richard. Hier ist Matias. Ich wollte mit meinem Auto fahren. Aber
mein Bruder braucht ① _____ mein Auto. Mit dem Fahrrad dauert es
zu lange. Deshalb ② _____ ich mich ③ _____ mit dem Zug zu
dir zu fahren. Ich hoffe, dass er keine ④ _____ hat.

▶ Aufgabe 15

Ich bin Joachim. Ich brauche Informationen ① _____ die Rechnungen.

② _____ Sie mich ③ _____ _____ der Nummer

0180/4556678. Vielen Dank und auf Wiederhören.

Teil 1 ● ● ●

▶ **Beispiel**

정답 ① Warten Sie mal

② in Zimmer Nummer

③ Okay

어휘 **warten** [v.] 기다리다 ∣ **das Zimmer** [n.] 방

▶ **Aufgabe 1**

정답 ① Ich hätte gern

② günstiger

③ Getränke

어휘 **Ich hätte gern** ~을 주문하다 ∣ **günstiger** 더 저렴한 (günstig의 비교급) ∣ **das Getränk** [n.] 음료, 주류

▶ **Aufgabe 2**

정답 ① nächste Woche

② Was kostet das

③ Hin und zurück

어휘 **die Woche** [n.] 주 ∣ **kosten** [v.] 가격이 ~이다 ∣ **hin und zurück** 왕복

▶ **Aufgabe 3**

정답 ① kommt

② an

③ Ankunft

④ Einfahrt

어휘   **ankommen** [v.] 도착하다 ｜ **die Ankunft** [n.] 도착 ｜ **die Einfahrt** [n.] 입차, 입선

▶ Aufgabe 4

정답   ① in Schwarz

② im Angebot

③ ziemlich

④ wirklich

어휘   **das Schwarz** [n.] 검은 것 ｜ **im Angebot** 할인 중 ｜ **ziemlich** [a.] 꽤 ｜ **wirklich** [a.] 정말

▶ Aufgabe 5

정답   ① schade

② von

③ bis

④ am Nachmittag

⑤ dann

어휘   **schade** [a.] 유감스러운 ｜ **von** [prp.] ~부터 ｜ **bis** [prp.] ~까지 ｜ **am Nachmittag** 오후에

▶ Aufgabe 6

정답   ① beginnt

② im dritten Stock

③ Die neuesten

어휘   **beginnen** [v.] 시작하다 ｜ **im dritten Stock** 3층(한국식 4층)에서

Teil 2 ● ● ○

▶ **Beispiel**

정답 ① angekommen
② wird
③ gebeten

어휘 **angekommen** [a.] 도착한 | **werden...gebeten** [v.] 부탁드리다 (bitten의 수동태)

▶ **Aufgabe 7**

정답 ① spricht
② zeige
③ Rufen
④ zurück

어휘 **sprechen** [v.] 말하다 | **zeigen** [v.] 보여주다 | **zurückrufen** [v.] 다시 전화하다

▶ **Aufgabe 8**

정답 ① Das Wetter für heute:
② scheint

어휘 **das Wetter** [n.] 날씨 | **scheinen** [v.] 비치다

▶ **Aufgabe 9**

정답 ① Meldung
② Stuttgart
③ Türkei

어휘 **die Meldung** [n.] 소식 | **Stuttgart** 슈투트가르트 (남서 독일의 도시이름) | **die Türkei** [n.] 터키

▶ **Aufgabe 10**

① Kommen

② vorbei

③ Am Samstagnachmittag

④ geschlossen

어휘 **vorbeikommen** [v.] 잠시 방문하다 ∣ **am Samstagnachmittag** 토요일 오후에 ∣ **geschlossen** [a.] 닫힌

Teil 3 • • •

▶ **Aufgabe 11**

정답 ① möchte

② entschuldigen

③ Erkältung

④ im Bett

어휘 **möchten** [m.v.] ~원하다 (mögen의 접속법2식) ∣ **sich entschuldigen** [v.] 사과하다 ∣ **die Erkältung** [n.] 감기 ∣ **im Bett** 침대에

▶ **Aufgabe 12**

정답 ① zu kurz

② jedes Kind

③ billiger

어휘 **kurz** [a.] 짧은 ∣ **das Kind** [n.] 아이 ∣ **billiger** [a.] 더 저렴한

▶ **Aufgabe 13**

① zu Ende

② schenken

③ am besten

어휘 **das Ende** [n.] 끝 ┃ **schenken** [v.] 선물하다 ┃ **am besten** 가장 좋은

▶ **Aufgabe 14**

정답 ① dringend

② habe

③ entschieden

④ Verspätung

어휘 **dringend** [a.] 긴급한 ┃ **sich haben...entschieden** [v.] 결정했다 (sich entscheiden의 현재완료) ┃ **die Verspätung** [n.] 연착

▶ **Aufgabe 15**

정답 ① über

② Rufen

③ zurück

④ unter

어휘 **über** [prp.] ~에 대하여 ┃ **zurückrufen** [v.] 다시 전화하다 ┃ **unter** 아래의

3회 주요 단어

문제에서 나온 단어들은 틈틈이 복습하고 시험 보기 전 최종 점검용으로 활용할 수 있습니다.

공부한 날짜   월   일

듣기

	Deutsch	Koreanisch	check
1	☐ am Nachmittag	오후에	
2	☐ das Basketballspiel	[n.] 농구 시합	
3	☐ das Getränk	[n.] 음료, 주류	
4	☐ das Hörbuch	[n.] 오디오북	
5	☐ das Länderspiel	[n.] 국제경기	
6	☐ das Museum	[n.] 박물관	
7	☐ das Tagesgericht	[n.] 오늘의 메뉴	
8	☐ das Ticket	[n.] 티켓	
9	☐ der einfache Flug	[n.] 편도 항공	
10	☐ der Kalender	[n.] 스케줄러	
11	☐ der Rückflug	[n.] 돌아오는 항공	
12	☐ der Sport	[n.] 스포츠	
13	☐ der Trend	[n.] 트렌드, 추세	
14	☐ der Unterricht	[n.] 수업	
15	☐ die Ankunft	[n.] 도착	
16	☐ die Brille	[n.] 안경	
17	☐ die Durchsage	[n.] 안내방송	
18	☐ die Einfahrt	[n.] 입차, 입선	
19	☐ die Hälfte	[n.] 절반	
20	☐ die Meldung	[n.] 소식	
21	☐ die Modeabteilung	[n.] 패션 부서	
22	☐ die Modenschau	[n.] 패션쇼	

23	☐ die Rechnung	[n.] 계산	
24	☐ die Sommermode	[n.] 여름 패션	
25	☐ die Türkei	[n.] 터키	
26	☐ die Turnschuhe	[n.] 운동화	
27	☐ ein einfaches Ticket	[n.] 편도 티켓	
28	☐ gegen	[prp.] ~를 상대로	
29	☐ geschlossen	[a.] 닫힌	
30	☐ haben...angerufen	[v.] 전화했다 (anrufen의 현재완료)	
31	☐ haben...bekommen	[v.] 받았다 (bekommen의 현재완료)	
32	☐ hin und zurück	왕복	
33	☐ Ich hätte gern	~을 주문하다	
34	☐ im Angebot	할인 중	
35	☐ im Spielpark	놀이동산에서	
36	☐ immer noch	여전히, 아직도	
37	☐ fliegen	[v.] 비행하다	
38	☐ noch günstiger	더 저렴한	
39	☐ schade	[a.] 유감스러운	
40	☐ scheinen	[v.] 비치다	
41	☐ schwarz	[a.] 검은색의	
42	☐ sich entschuldigen	[v.] 사과하다	
43	☐ sich haben...entschieden	[v.] 결정했다 (sich entscheiden의 현재완료)	
44	☐ sinken	[v.] 떨어지다	
45	☐ teurer	[a.] 더 비싼 (teuer의 비교급)	
46	☐ ziemlich	[a.] 꽤	
47	☐ zurückrufen	[v.] 다시 전화하다	

확인하기

	Koreanisch	Deutsch
1	☐ 오후에	
2	☐ [n.] 농구 시합	
3	☐ [n.] 음료, 주류	
4	☐ [n.] 오디오북	
5	☐ [n.] 국제경기	
6	☐ [n.] 박물관	
7	☐ [n.] 오늘의 메뉴	
8	☐ [n.] 티켓	
9	☐ [n.] 편도 항공	
10	☐ [n.] 스케줄러	
11	☐ [n.] 돌아오는 항공	
12	☐ [n.] 스포츠	
13	☐ [n.] 트렌드, 추세	
14	☐ [n.] 수업	
15	☐ [n.] 도착	
16	☐ [n.] 안경	
17	☐ [n.] 안내방송	
18	☐ [n.] 입차, 입선	
19	☐ [n.] 절반	
20	☐ [n.] 소식	
21	☐ [n.] 패션 부서	
22	☐ [n.] 패션쇼	
23	☐ [n.] 계산	
24	☐ [n.] 여름 패션	
25	☐ [n.] 터키	
26	☐ [n.] 운동화	
27	☐ [n.] 편도 티켓	
28	☐ [prp.] ~를 상대로	

29	☐ [a.] 닫힌	
30	☐ [v.] 전화했다 (anrufen의 현재완료)	
31	☐ [v.] 받았다 (bekommen의 현재완료)	
32	☐ 왕복	
33	☐ ~을 주문하다	
34	☐ 할인 중	
35	☐ 놀이동산에서	
36	☐ 여전히, 아직도	
37	☐ [v.] 비행하다	
38	☐ 더 저렴한	
39	☐ [a.] 유감스러운	
40	☐ [v.] 비치다	
41	☐ [a.] 검은색의	
42	☐ [v.] 사과하다	
43	☐ [v.] 결정했다 (sich entscheiden의 현재완료)	
44	☐ [v.] 떨어지다	
45	☐ [a.] 더 비싼 (teuer의 비교급)	
46	☐ [a.] 꽤	
47	☐ [v.] 다시 전화하다	

	Deutsch	Koreanisch	check
1	□ attraktiv	[a.] 매력적인	
2	□ (pl.)Bauarbeiten	[n.] 건설 작업, 토목공사	
3	□ bequem	[a.] 편안한	
4	□ bis bald	곧 만나자	
5	□ das Abendbuffet	[n.] 저녁 뷔페	
6	□ das Abendprogramm	[n.] 저녁 프로그램	
7	□ das Angebot	[n.] 제공	
8	□ das Datum	[n.] 날짜	
9	□ das Fachbuch	[n.] 전문 서적, 전공 서적	
10	□ das Sachbuch	[n.] 실용 서적	
11	□ das Schulbuch	[n.] 교과서	
12	□ das Ticketservice	[n.] 티켓 서비스	
13	□ der Bauernhof	[n.] 농장	
14	□ der Buchladen	[n.] 서점	
15	□ der Kontakt	[n.] 연락, 관계	
16	□ der Leseräum	[n.] 독서실	
17	□ der Sondertarif	[n.] 특별 할인 요금	
18	□ der Tourist	[n.] 관광객	
19	□ der Vorverkauf	[n.] 예매	
20	□ der Weinberg	[n.] 포도밭	
21	□ die Aktivität	[n.] 활동	
22	□ die Bahn	[n.] 철도	
23	□ die Bahnhofshalle	[n.] 기차역 광장	
24	□ die Buchung	[n.] 예약	
25	□ die Feriensprachkurse	[n.] 방학 어학 강좌	
26	□ die Geschäftsreise	[n.] 출장	
27	□ die Hauptstadt	[n.] 수도	
28	□ die Hotelreservierung	[n.] 호텔 예약	

29	□ die Interesse	[n.] 흥미	
30	□ die Karte	[n.] 티켓	
31	□ die Schiffreise	[n.] 유람선 여행	
32	□ die Serviceleistung	[n.] 서비스 성능	
33	□ die Sonntagnacht	[n.] 일요일 밤	
34	□ die Stadtrundfahrt	[n.] 시티투어	
35	□ die Stufe	[n.] 단계	
36	□ die Tagesfahrt	[n.] 당일 여행	
37	□ die Tischreservierung	[n.] 테이블 예약	
38	□ die Wanderung	[n.] 도보 여행	
39	□ durch	[prp.] ~지나서	
40	□ bestellen	[v.] 주문하다	
41	□ Haltestelle	[n.] 정류장	
42	□ im Herbst	가을에	
43	□ jeder Zeit	언제나	
44	□ kennenlernen	[v.] 알게 되다	
45	□ kulturell	[a.] 문화적인, 문화상의	
46	□ mehr	[prn.] 더 많은	
47	□ online	온라인	
48	□ pro	~마다	
49	□ sich melden	[v.] 등록하다	
50	□ unter der Woche	평일에	
51	□ unternehmen	[v.] 계획하다	
52	□ verlegen	[v.] 이전하다, 움직이다	
53	□ von zu Hause	집에서	
54	□ vorbereiten	[v.] 준비하다	

확인하기

	Koreanisch	Deutsch
1	☐ [a.] 매력적인	
2	☐ [n.] 건설 작업, 토목공사	
3	☐ [a.] 편안한	
4	☐ 곧 만나자	
5	☐ [n.] 저녁 뷔페	
6	☐ [n.] 저녁 프로그램	
7	☐ [n.] 제공	
8	☐ [n.] 날짜	
9	☐ [n.] 전문 서적, 전공 서적	
10	☐ [n.] 실용 서적	
11	☐ [n.] 교과서	
12	☐ [n.] 티켓 서비스	
13	☐ [n.] 농장	
14	☐ [n.] 서점	
15	☐ [n.] 연락, 관계	
16	☐ [n.] 독서실	
17	☐ [n.] 특별 할인 요금	
18	☐ [n.] 관광객	
19	☐ [n.] 예매	
20	☐ [n.] 포도밭	
21	☐ [n.] 활동	
22	☐ [n.] 철도	
23	☐ [n.] 기차역 광장	
24	☐ [n.] 예약	
25	☐ [n.] 방학 어학 강좌	
26	☐ [n.] 출장	
27	☐ [n.] 수도	
28	☐ [n.] 호텔 예약	

29	☐ [n.] 흥미	
30	☐ [n.] 티켓	
31	☐ [n.] 유람선 여행	
32	☐ [n.] 서비스 성능	
33	☐ [n.] 일요일 밤	
34	☐ [n.] 시티투어	
35	☐ [n.] 단계	
36	☐ [n.] 당일 여행	
37	☐ [n.] 테이블 예약	
38	☐ [n.] 도보 여행	
39	☐ [prp.] ~지나서	
40	☐ [v.] 주문하다	
41	☐ [n.] 정류장	
42	☐ 가을에	
43	☐ 언제나	
44	☐ [v.] 알게 되다	
45	☐ [a.] 문화적인, 문화상의	
46	☐ [prn.] 더 많은	
47	☐ 온라인	
48	☐ ~마다	
49	☐ [v.] 등록하다	
50	☐ 평일에	
51	☐ [v.] 계획하다	
52	☐ [v.] 이전하다, 움직이다	
53	☐ 집에서	
54	☐ [v.] 준비하다	

	Deutsch	Koreanisch	check
1	□ fahren	[v.] 타다	
2	□ am Strand	해변가에	
3	□ anmelden	[v.] 등록하다	
4	□ bringen	[v.] 가져오다	
5	□ dabeihaben	[v.] 가지고 있다	
6	□ das Fach	[n.] 전공, 전문 분야	
7	□ das Formular	[n.] 양식, 서식	
8	□ das Gemüse	[n.] 채소	
9	□ das Heft	[n.] 공책	
10	□ das Lehrbuch	[n.] 교재	
11	□ der Anzug	[n.] 정장	
12	□ der Ausweis	[n.] 신분증	
13	□ der Kopfschmerzen	[n.] 두통	
14	□ der Kühlschrank	[n.] 냉장고	
15	□ der Mitgliedsbeitrag	[n.] 회비	
16	□ der Salat	[n.] 샐러드	
17	□ der Schlüssel	[n.] 열쇠	
18	□ die Gesundheit	[n.] 건강	
19	□ die Medizin	[n.] 의학	
20	□ die Reinigung	[n.] 세탁소	
21	□ fehlend	[a.] 부족한	
22	□ haben...angefangen	[v.] 시작했다 (anfangen의 현재완료)	
23	□ haben...benutzt	[v.] 사용했다 (benutzen의 현재완료)	
24	□ immer	[adv.] 항상	
25	□ in der Nähe	근처에	
26	□ krank	[a.] 아픈	
27	□ machen	[v.] ~하다	
28	□ mögen	[m.v] 좋아하다	

29	□ notieren	[v.] 기입하다	
30	□ rauchen	[v.] 흡연하다	
31	□ schlafen	[v.] 자다	
32	□ sogar	[adv.] 게다가	
33	□ sowieso	[adv.] 어차피	
34	□ sprechen	[v.] 말하다	
35	□ studieren	[v.] 대학 공부 하다	
36	□ verlieren	[v.] 잃어버리다	
37	□ wegwerfen	[v.] 버리다, 내던져 버리다	
38	□ wissen	[v.] 알다	
39	□ wohnen	[v.] 살다	
40	□ zweimal	두 번	

확인하기

	Koreanisch	Deutsch
1	☐ [v.] 타다	
2	☐ 해변가에	
3	☐ [v.] 등록하다	
4	☐ [v.] 가져오다	
5	☐ [v.] 가지고 있다	
6	☐ [n.] 전공, 전문 분야	
7	☐ [n.] 양식, 서식	
8	☐ [n.] 채소	
9	☐ [n.] 공책	
10	☐ [n.] 교재	
11	☐ [n.] 정장	
12	☐ [n.] 신분증	
13	☐ [n.] 두통	
14	☐ [n.] 냉장고	
15	☐ [n.] 회비	
16	☐ [n.] 샐러드	
17	☐ [n.] 열쇠	
18	☐ [n.] 건강	
19	☐ [n.] 의학	
20	☐ [n.] 세탁소	
21	☐ [a.] 부족한	
22	☐ [v.] 시작했다 (anfangen의 현재완료)	
23	☐ [v.] 사용했다 (benutzen의 현재완료)	
24	☐ [adv.] 항상	
25	☐ 근처에	
26	☐ [a.] 아픈	
27	☐ [v.] ~하다	
28	☐ [m.v] 좋아하다	

29	□ [v.] 기입하다	
30	□ [v.] 흡연하다	
31	□ [v.] 자다	
32	□ [adv.] 게다가	
33	□ [adv.] 어차피	
34	□ [v.] 말하다	
35	□ [v.] 대학 공부 하다	
36	□ [v.] 잃어버리다	
37	□ [v.] 버리다, 내던져 버리다	
38	□ [v.] 알다	
39	□ [v.] 살다	
40	□ 두 번	

Start Deutsch 1
Antwortbogen

Nach-/Vorname _____, _____ PS ☐☐

Institution, Ort _____

Geburtsdatum ☐☐ , ☐☐ , ☐☐☐☐

PTN-Nr. ☐☐☐☐☐☐☐

Hören

Teil 1

	a	b	c
1	☐	☐	☐
2	☐	☐	☐
3	☐	☐	☐
4	☐	☐	☐
5	☐	☐	☐
6	☐	☐	☐

Teil 2

	Richtig	Falsch
7	☐	☐
8	☐	☐
9	☐	☐
10	☐	☐

Teil 3

	a	b	c
11	☐	☐	☐
12	☐	☐	☐
13	☐	☐	☐
14	☐	☐	☐
15	☐	☐	☐

Markieren Sie so: ☒
NICHT so: ☒ ☐ ☐ ☐ ☑ ⃝
Füllen Sie zur Korrektur das Feld aus: ■
Markieren Sie das richtige Feld neu: ☒

Prüfer 1 ☐☐   Prüfer 2 ☐☐

Lesen

Teil 1

	Richtig	Falsch
1	☐	☐
2	☐	☐
3	☐	☐
4	☐	☐
5	☐	☐

Teil 2

	a	b
6	☐	☐
7	☐	☐
8	☐	☐
9	☐	☐
10	☐	☐

Teil 3

	Richtig	Falsch
11	☐	☐
12	☐	☐
13	☐	☐
14	☐	☐
15	☐	☐

Prüfer 1 ☐☐   Prüfer 2 ☐☐

Schreiben

Teil 1

1 _____
2 _____
3 _____
4 _____
5 _____

Vom Prüfer auszufüllen!

Teil 1

1	0	ausgelassen
☐	☐	☐
☐	☐	☐
☐	☐	☐
☐	☐	☐
☐	☐	☐

Gesamt-Punktzahl im Teil 1: ☐

Vom Prüfer auszufüllen!

Teil 2

• Die Aufgabe ist	voll erfüllt 3	teilweise erfüllt 1,5	nicht erfüllt 0
Inhaltspunkt 1	☐	☐	☐
Inhaltspunkt 2	☐	☐	☐
Inhaltspunkt 3	☐	☐	☐
Kommunikative Gestaltung	3 ☐	1 ☐	0,5 ☐

Gesamtpunkte Teil 2: ☐☐ , ☐

• Aufgabe wurde nicht bearbeitet ☐

Ergebnis Teil Schreiben ☐☐ , ☐

Ergebnis Schriftliche Prüfung ☐☐ , ☐

Schreiben, Teil 2

Schreiben Sie Ihren Text hier (ca. 30 Wörter).

Prüfer 1   Prüfer 2

Einigung

Unterschrift Prüfer 1   Unterschrift Prüfer 2   Ort, Datum

Start Deutsch 1
Antwortbogen

Nach-/Vorname [_____] , [_____] PS [ ][ ]

Institution, Ort [_____]

Geburtsdatum [ ][ ] , [ ][ ] , [ ][ ][ ][ ]

PTN-Nr. [ ][ ][ ][ ][ ][ ][ ][ ]

Hören

Teil 1					Teil 2			Teil 3			
	a	b	c			Richtig	Falsch		a	b	c
1	☐	☐	☐		7	☐	☐	11	☐	☐	☐
2	☐	☐	☐		8	☐	☐	12	☐	☐	☐
3	☐	☐	☐		9	☐	☐	13	☐	☐	☐
4	☐	☐	☐		10	☐	☐	14	☐	☐	☐
5	☐	☐	☐					15	☐	☐	☐
6	☐	☐	☐								

Markieren Sie so: ☒
NICHT so: ✗ ☐ ☒ ☐ ☑ ◯
Füllen Sie zur Korrektur das Feld aus: ■
Markieren Sie das richtige Feld neu: ☒

Prüfer 1 [ ][ ]   Prüfer 2 [ ][ ]

Lesen

Teil 1				Teil 2				Teil 3		
	Richtig	Falsch			a	b			Richtig	Falsch
1	☐	☐		6	☐	☐		11	☐	☐
2	☐	☐		7	☐	☐		12	☐	☐
3	☐	☐		8	☐	☐		13	☐	☐
4	☐	☐		9	☐	☐		14	☐	☐
5	☐	☐		10	☐	☐		15	☐	☐

Prüfer 1 [ ][ ]   Prüfer 2 [ ][ ]

Schreiben

Teil 1	
1	_____
2	_____
3	_____
4	_____
5	_____

Vom Prüfer auszufüllen!

Teil 1

1	0	aus-gelassen
☐	☐	☐
☐	☐	☐
☐	☐	☐
☐	☐	☐
☐	☐	☐

Gesamt-Punktzahl im Teil 1: [ ]

Vom Prüfer auszufüllen!

Teil 2

• Die Aufgabe ist	voll erfüllt 3	teilweise erfüllt 1,5	nicht erfüllt 0
Inhaltspunkt 1	☐	☐	☐
Inhaltspunkt 2	☐	☐	☐
Inhaltspunkt 3	☐	☐	☐
Kommunikative Gestaltung	3 ☐	1 ☐	0,5 ☐

Gesamtpunkte Teil 2: [ ][ ] , [ ]

• Aufgabe wurde nicht bearbeitet [ ]

Ergebnis Teil Schreiben [ ][ ] , [ ]

Ergebnis Schriftliche Prüfung [ ][ ] , [ ]

Schreiben, Teil 2

Schreiben Sie Ihren Text hier (ca. 30 Wörter).

	,

Prüfer 1   Prüfer 2

Einigung

Unterschrift Prüfer 1   Unterschrift Prüfer 2   Ort, Datum

Start Deutsch 1
Antwortbogen

Nach-/ Vorname _____ , 　　　　PS [ ][ ]

Institution, Ort _____　Geburtsdatum [ ][ ] , [ ][ ] , 　PTN-Nr. [ ][ ][ ][ ][ ][ ][ ]

Hören

Teil 1				Teil 2			Teil 3			
	a	b	c		Richtig	Falsch		a	b	c
1	☐	☐	☐	7	☐	☐	11	☐	☐	☐
2	☐	☐	☐	8	☐	☐	12	☐	☐	☐
3	☐	☐	☐	9	☐	☐	13	☐	☐	☐
4	☐	☐	☐	10	☐	☐	14	☐	☐	☐
5	☐	☐	☐				15	☐	☐	☐
6	☐	☐	☐							

Markieren Sie so: ☒
NICHT so: ✗ ☐ ☐ ☐ ☑ ◯
Füllen Sie zur Korrektur das Feld aus: ■
Markieren Sie das richtige Feld neu: ☒

Prüfer 1 [ ][ ]　　Prüfer 2 [ ][ ]

Lesen

Teil 1			Teil 2			Teil 3		
	Richtig	Falsch		a	b		Richtig	Falsch
1	☐	☐	6	☐	☐	11	☐	☐
2	☐	☐	7	☐	☐	12	☐	☐
3	☐	☐	8	☐	☐	13	☐	☐
4	☐	☐	9	☐	☐	14	☐	☐
5	☐	☐	10	☐	☐	15	☐	☐

Prüfer 1 [ ][ ]　　Prüfer 2 [ ][ ]

Schreiben

Teil 1
1 _____
2 _____
3 _____
4 _____
5 _____

Vom Prüfer auszufüllen!

Teil 1

1	0	aus-gelassen
☐	☐	☐
☐	☐	☐
☐	☐	☐
☐	☐	☐
☐	☐	☐

Gesamt-Punktzahl im Teil 1: [ ]

Vom Prüfer auszufüllen!

Teil 2

• Die Aufgabe ist	voll erfüllt 3	teilweise erfüllt 1,5	nicht erfüllt 0
Inhaltspunkt 1	☐	☐	☐
Inhaltspunkt 2	3	1,5	0
	☐	☐	☐
Inhaltspunkt 3	3	1,5	0
	☐	☐	☐
Kommunikative Gestaltung	3	1	0,5
	☐	☐	☐

Gesamtpunkte Teil 2: [ ] , [ ]

• Aufgabe wurde nicht bearbeitet [ ]

Ergebnis Teil Schreiben [ ][ ] , [ ]

Ergebnis Schriftliche Prüfung [ ][ ] , [ ]

절취선

Start Deutsch 1
Antwortbogen

Schreiben, Teil 2

Schreiben Sie Ihren Text hier (ca. 30 Wörter).

Prüfer 1   Prüfer 2

Einigung

Unterschrift Prüfer 1   Unterschrift Prüfer 2   Ort, Datum

※ 연습용 답안지입니다.

ZERTIFIKAT
DEUTSCH

독 일 어 능 력 시 험

실전모의고사

정은실 지음

정답 및 해설

A1

동양북스

일 단 합 격 하 고 오 겠 습 니 다

ZERTIFIKAT DEUTSCH

독 일 어 능 력 시 험

실전모의고사

정은실 지음

정답 및 해설

B1

동양북스

차례 Inhaltsverzeichnis

제1회

실전모의고사
정답 및 해설

유형 1 ● ● ●

MP3 01_01

무엇이 정답일까요?

ⓐ, ⓑ, ⓒ 중에 ✕ 표시를 하세요.

본문은 두 번 듣게 됩니다.

Beispiel

📄 Skript

Frau   Ach, Verzeihung, wo finde ich Herr Schneider vom Betriebsrat?

Mann   Schneider. Warten Sie mal. Ich glaube, der ist in Zimmer Nummer 254. Ja, stimmt, Zimmer 254. Das ist im zweiten Stock. Da können Sie den Aufzug dort nehmen.

Frau   Zweiter Stock, Zimmer 254. Okay, vielen Dank

🔍 해석

여자   실례합니다. 기업 상담 파트의 Schneider 씨를 어디서 만날 수 있나요?

남자   Schneider 씨요. 잠시만 기다려 주세요. 제 생각에 그는 254호 방에 있을 거예요. 맞네요. 254호. 그것은 2층(한국식 3층)에 있어요. 저기서 엘리베이터를 타고 가시면 돼요.

여자   2층(한국식 3층) 254호. 알겠습니다. 정말 감사합니다.

0   Schneider 씨의 방 번호는 무엇입니까?

ⓐ Zimmer 240.   ⓑ Zimmer 245.   ☒ Zimmer 254.

> **어휘**   die Verzeihung [n.] 실례, 용서 | finden [v.] 발견하다 | vom Betriebsrat 기업 상담 파트의 | warten [v.] 기다리다 | glauben [v.] 생각하다, 믿다 | das Zimmer [n.] 방 | der Aufzug [n.] 엘리베이터 | nehmen [v.] 타다, 잡다

▶**Aufgabe 1**

📄 Skript

Mann   Hallo Leonie, hier ist Tim. Wie geht's dir?
Frau   Gut, danke. Und dir?
Mann   Ganz gut. Ich rufe wegen der Hochzeit von Maria und Simon an. Hast du eine Idee, was wir den beiden schenken könnten?
Frau   Wie wäre es mit Kaffee? Oder trinken sie vielleicht gerne Wein?
Mann   Nö. Die trinken lieber Tee. Vielleicht schenken wir ihnen zwei schöne Tassen. Wie findest du das?
Frau   Oh, das finde ich gut.

🔍 해석

남자   Leonie 안녕. 나 Tim이야. 잘 지냈니?
여자   잘 지냈어, 고마워. 너는 어떻게 지내?
남자   아주 잘 지내. 나는 Maria와 Simon의 결혼식 때문에 너에게 전화했어. 우리가 그들에게 무엇을 선물할 수 있을지에 대한 아이디어가 있니?
여자   커피는 어떨까? 아니면 혹시 그들이 와인을 즐겨 마시니?
남자   아니. 그들은 차를 마시는 것을 더 좋아해. 아니면 우리가 그들에게 예쁜 찻잔 2개를 선물해도 되잖아. 너는 어떻게 생각하니?
여자   오, 그거 좋은 것 같아.

1   Tim과 Leonie는 결혼식을 위해 무엇을 사고 싶어 하는가?

ⓐ Wein   ⓑ Kaffee   ☒ Tassen

어휘   wegen [prp.] ～때문에 | **die Hochzeit** [n.] 결혼식 | **die Tasse** [n.] 찻잔

▶ Aufgabe 2

📄 Skript

Mann Hallo, Julia.

Frau Mensch, Martin! Wo bleibst du denn? Hast du vergessen, dass wir ins Museum gehen wollen? Es ist schon halb elf.

Mann Ja, ich weiß. Ich bin gerade erst raus gekommen. Ich stehe hier an der Bushaltestelle. Was soll ich denn jetzt machen? Sollen wir nächstes mal hingehen?

Frau Was? Die Austellung ist so toll, die wollte ich schon lange sehen. Du nimmst jetzt den Bus zum Zentrumplatz. Ich kaufe die Eintrittskarten und wir treffen uns im Kaufhaus. Ich warte an der Kasse auf dich, okay?

Mann Ja gut, da kommt der Bus, bis gleich!

🔍 해석

남자 안녕, Julia.

여자 이봐, Martin! 너 지금 어디에 있는 거니? 너 우리가 박물관으로 가기로 한 것을 잊었니? 지금 벌써 10시 반이야.

남자 응, 나는 알고 있어. 나는 이제야 막 나왔어. 나는 버스 정류장에 서 있어. 내가 지금 무엇을 해야 할까? 우리 다음번에 갈까?

여자 뭐라고? 이 전시회는 너무 좋아서, 내가 오래전부터 보고 싶었던 거야. 너는 지금 시내 광장으로 가는 버스를 타. 나는 입장권을 살게 그리고 우리 백화점에서 만나자. 내가 계산대에서 너를 기다릴게, 동의하니?

남자 응 좋아, 저기 내 버스가 온다, 곧 만나!

---

2 Matin은 어디로 와야 하는가?

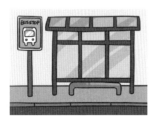

ⓐ Bushaltestelle   ☒ Kaufhaus   ⓒ Museum

어휘 **bleiben** [v.] 머무르다 **haben...vergessen** [v.] 잊었다 (vergessen의 현재완료) **das Museum** [n.] 박물관 **wollen** [m.v] ~하고 싶다 **die Ausstellung** [n.] 전시 **wollten** [v.] ~하고 싶었다 (wollen의 과거) **der Zentrumplatz** [n.] 시내 광장 **die Eintrittskarte** [n.] 입장권 **sich treffen**

[v.] 만나다 ┃ **das Kaufhaus** [n.] 백화점 ┃ **warten** [v.] 기다리다 ┃ **die Kasse** [n.] 계산대 ┃ **sollen** [m.v] ~해야 한다

▶Aufgabe 3

📄 Skript

Hier ist die Reparaturwerkstatt Max Meyer. Unser Telefon ist im Moment besetzt. Sie können eine Nachricht hinterlassen oder Sie können uns unter folgender Telefonnummer 03733 8 00 erreichen.

🔍 해석

이곳은 Max Meyer 수리 작업장입니다. 우리의 전화는 현재 사용 중입니다. 당신은 하나의 메모를 남기시거나 다음 아래의 번호 03733 8 00로 연락하실 수 있습니다.

3 전화번호가 어떻게 되는가?

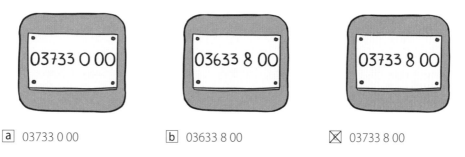

a 03733 0 00   b 03633 8 00   ☒ 03733 8 00

어휘 **die Reparaturwerkstatt** [n.] 수리 작업장 ┃ **im Moment** 현재에, 순간에 ┃ **besetzt** [a.] 사용 중, 자리가 채워진 ┃ **die Nachricht** [n.] 메모 ┃ **hinterlassen** [v.] 말을 남기다 ┃ **folgend** [a.] 다음의 ┃ **erreichen** [v.] 연락하다 ┃ **die Telefonnummer** [n.] 전화번호

▶ **Aufgabe 4**

📄 **Skript**

Frau   Ich möchte Geld auf die „Deutsche Bank" überweisen.

Mann   Füllen Sie bitte dieses Formular aus.

Frau   Ich habe ein Problem. Ich finde die Kontonummer nicht mehr!

Mann   Tut mir leid, dann können wir gar nichts machen.

Frau   Wie lange haben Sie geöffnet? Ich kann vielleicht die Nummer herausfinden.

Mann   Bis halb fünf.

Frau   Ja, das geht. Ich komme sofort wieder, jetzt ist es ja erst halb drei.

Mann   Gut, bis später.

🔍 **해석**

여자   나는 "독일 은행"으로 돈을 송금하고 싶습니다.

남자   이 양식을 작성해 주세요.

여자   나는 문제가 있어요. 저는 더 이상 계좌번호를 찾을 수 없어요!

남자   죄송하지만, 그럼 저희가 아무것도 할 수가 없습니다.

여자   얼마나 오래 개점 하시나요? 어쩌면 제가 번호를 알아낼 수 있을 것 같아요.

남자   4시 반까지요.

여자   네, 가능해요. 제가 바로 다시 올게요. 지금은 겨우 두시 반이니까요.

남자   좋아요, 나중에 뵐게요.

4   은행은 언제 닫는가?

a 3 Uhr 30   ☒ 4 Uhr 30   c 5 Uhr 30

어휘   **die Bank** [n.] 은행 ┆ **möchten** [v.] ~를 원하다 ┆ **überweisen** [v.] 송금하다 ┆ **ausfüllen** [v.] 작성하다. (부족한 것을) 채우다 ┆ **finden** [v.] 찾다 ┆ **die Kontonummer** [n.] 계좌번호 ┆ **haben...geöffnet** [v.] 개점했다 (öffnen의 현재완료) ┆ **können** [m.v] ~할 수 있다 ┆ **herausfinden** [v.] 알아내다. 찾아내다 ┆ **schließen** [v.] 닫다

▶ **Aufgabe 5**

📄 Skript

Mann   Ich möchte mit dem Bus nach Düsseldorf fahren. Ist das möglich?
Frau   Ja, das dauert aber lange. Sie können mit der S-bahn fahren, das ist sehr bequem, dann sind Sie in einer Stunde in Düsseldorf. Mit dem Zug geht es sogar noch schneller: nur 40 Minuten, aber der Zug fährt nicht so oft.
Mann   Nein, ich möchte lieber mit dem Bus.
Frau   Wie Sie wollen. Der Bus fährt um 9 Uhr am Hauptbahnhof ab. In einer Stunde und 30 Minuten sind Sie in Düsseldorf.

🔍 해석

남자   저는 버스를 타고 뒤셀도르프로 가고 싶습니다. 그것이 가능한가요?
여자   네, 하지만 그것은 오래 걸립니다. 당신은 도시고속전철을 타고 갈 수 있습니다. 그것은 매우 편리하며, 그러면 당신은 한 시간 안에 뒤셀도르프에 도착할 수 있습니다. 게다가 기차를 타면 더욱 빠릅니다: 40분 만에요, 하지만 기차는 자주 다니지 않습니다.
남자   아니에요, 저는 차라리 버스를 타고 싶어요.
여자   당신이 원하시는 대로 하세요. 버스는 9시에 중앙역에서 출발합니다. 1시간 30분 안에 당신은 뒤셀도르프에 도착합니다.

5   버스로는 얼마나 오래 걸리는가?

☒ 90 Minute   b 1 Stunde   c 40 Minute

어휘   möchten [m.v] ~하고 싶다 ┃ fahren [v.] (무엇을 타고) 가다 ┃ möglich [a.] 가능한 ┃ dauern [v.] (시간이) 걸리다 ┃ bequem [a.] 편리한, 쾌적한 ┃ in einer Stunde 한 시간 안에 ┃ sogar [adv.] 게다가, 더욱이 ┃ schneller 더 빠른 (schnell의 비교급) ┃ oft [adv.] 자주 ┃ lieber [adv.] 차라리 ┃ wollen [v.] ~하고 싶다 ┃ abfahren [v.] 출발하다 ┃ die Minute [n.] (시간의 단위) 분 ┃ brauchen [v.] ~걸리다, 필요하다

▶**Aufgabe 6**

📄 **Skript**

Herzlichen Glückwunsch! Sie machen Ihre ersten Schritte in eine neue Sprache! In den A1 Deutschkursen für Anfänger lernen Sie, z.B. wenn Sie zum Arzt gehen, einkaufen oder neue Leute treffen. Lernen Sie die wichtigsten Wörter und grammatische Strukturen.

🔍 **해석**

진심으로 축하합니다! 당신은 새로운 언어로 첫걸음을 내딛었습니다! 초보자를 위한 A1 독일어 수업에서는 예를 들어 당신이 병원에 가거나, 장을 보러 가거나 새로운 사람들을 만나는 것에 대하여 배울 수 있습니다. 가장 중요한 단어와 문법상의 구조를 배우세요.

6 무엇에 관한 광고인가?

 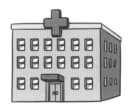 

ⓐ Markt ⓑ Praxis ☒ Deutschkurs

어휘 **der Schritt** [n.] 발걸음 ┊ **der Anfänger** [n.] 초보자 ┊ **zum Arzt gehen** 병원에 가다 ┊ **einkaufen** [v.] 장보다 ┊ **die Leute** [n.] 사람들 (항상 복수) (pl.) ┊ **treffen** [v.] 만나다 ┊ **wichtig** [a.] 중요한 ┊ **grammatisch** [a.] 문법상의 ┊ **der Struktur** [n.] 구조 ┊ **die Werbung** [n.] 광고

유형 2 ● ● ○

맞으면 Richtig 에 틀리면 Falsch 에 ✕ 표시를 하세요.
본문은 한 번 듣게 됩니다.

Beispiel

📄 **Skript**

Frau Katrin Gundlach, angekommen aus Budapest, wird zum Informationsschalter in die Ankunftshalle C gebeten. Frau Gundlach bitte zum Informationsschalter in die Ankunftshalle C.

🔍 **해석**

부다페스트에서 도착한 Katrin Gundlach 부인, C 도착 대합실의 안내소로 오세요. Katrin Gundlach 부인 C 도착 대합실의 안내소로 와 주시길 바랍니다.

0   여행객은 안내소 C번 홀로 오셔야 합니다.   ~~Richtig~~ Falsch

> **어휘** aus [prp.] ~에서 ┊ die Ankunftshalle [n.] 도착 대합실 ┊ der Informationsschalter [n.] 안내소,
> 안내 창구

▶ **Aufgabe 7**

📄 **Skript**

Guten Tag, Sie sind verbunden mit der Sprachberatung der VHS Hamburg. Die Sprachberatung ist montags und mittwochs von 13.00 bis 18.00 Uhr.

🔍 **해석**

안녕하세요. 당신은 VHS 함부르크 어학 상담 부서로 연결되었습니다. 어학 상담 부서는 월요일 오후와 수요일 오후 13시부터 18시입니다.

7   면담 시간은 월요일 오후와 수요일 오후 13시부터 17시까지입니다.   Richtig ~~Falsch~~

어휘 **verbunden** [a.] 연결된 | **mit** [prp.] ~와 함께 | **die Sprachberatung** [n.] 어학 상담 | **die Sprechstunde** [n.] 면담 시간 | **der Montagnachmittag** [n.] 월요일 오후 | **der Mittwochnachmittag** [n.] 수요일 오후 | **von** [prp.] ~부터 | **bis** [prp.] ~까지

▶ Aufgabe 8

📄 Skript

Besondere Angebote gibt es heute im zweiten Stock: Sportschuhe ab 30 €, T-Shirts für 10 €, Damen-Jeans und Pullover ab 5 €. Im dritten Stock gibt es nach dem Einkauf für die Eltern und Kinder eine kleine Erfrischung. Sie sind herzlich willkommen!

🔍 해석

오늘 2층에서는 특별한 제품 행사가 있습니다: 운동화 30유로부터, 티셔츠는 10유로로, 여성-청바지와 스웨터는 5유로부터입니다. 3층에는 쇼핑 후에 부모와 아이들을 위한 가벼운 음식이 있습니다. 당신을 진심으로 환영합니다!

8 오늘은 남자들 옷이 저렴하다.   Richtig   ~~Falsch~~

어휘 **besondere** [a.] 특별한 | **das Angebot** [n.] 제품 | **es gibt** ~이 있다 | **im zweiten Stock** 2층(한국식 3층)에서 | **die Sportschuhe** [n.] 운동화 | **der Pullover** [n.] 풀오버 | **im dritten Stock** 3층(한국식 4층)에서 | **nach** [prp.] ~후에 (3격 전치사) | **der Einkauf** [n.] 구입 | **die Eltern** [n.] 부모 (pl.) | **das Kind** [n.] 아이 | **die Erfrischung** [n.] 가벼운 음식 | **herzlich** [a.] 진심으로 | **heute** [adv.] 오늘 | **die Herrenkleidung** [n.] 남성복 | **billig** [a.] 저렴한

▶ Aufgabe 9

📄 Skript

Der Intercity IC 832 aus Bremen, planmäßige Ankunft 13:04 Uhr, hat voraussichtlich 30 Minuten Verspätung. Der Intercity Express ICE 5322 aus Hannover kommt mit 45 Minuten Verspätung auf Gleis 3 an.

해석

브레멘에서 오는 13:04분 도착 예정인 인터시티 IC 832번은 30분 연착될 것으로 예상됩니다. 하노버에서 오는 인터시티 익스프레스 ICE 5322번은 45분 연착으로 3번 게이트에 도착합니다.

9 기차들은 정시에 도착하지 않는다.

> **어휘** pünktlich [a.] 정시에 ㅣ der IC [n.] 특급열차 (Intercity의 약어) ㅣ planmäßig [a.] 계획대로의 ㅣ die Ankunft [n.] 도착 ㅣ voraussichtlich [a.] 예상할 수 있는 ㅣ die Verspätung [n.] 연착 ㅣ der ICE [n.] 초고속열차 (Intercityexpress의 약어) ㅣ die Minute [n.] 분 (시간의 단위) ㅣ der Zug [n.] 기차

▶ Aufgabe 10

 Skript

Frau Meyer, angekommen mit der Gruppe MTW aus Aachen, kommen Sie bitte sofort zum Ausgang! Der Bus für Ihre Gruppe steht abfahrbereit auf dem Parkplatz. Kommen Sie sofort zum Ausgang. Es wird nur noch auf Sie gewartet!

 해석

아헨에서 MTW 그룹과 함께 오신 Meyer 부인, 즉시 출구로 오세요! 당신의 그룹을 위한 버스는 주차장에서 출발할 준비를 하고 서 있습니다. 즉시 출구로 오세요. 당신만을 기다리고 있습니다!

10 그 여자는 버스에서 하차해야 한다.

> **어휘** angekommen [p.a.] 도착한 ㅣ die Gruppe [n.] 그룹 ㅣ aus [prp.] ~에서 ㅣ sofort [adv.] 즉시 ㅣ der Ausgang [n.] 출구 ㅣ der Bus [n.] 버스 ㅣ für [prp.] ~을 위해 ㅣ stehen [v.] 서 있다 ㅣ abfahrbereit [a.] 출발 준비가 된 ㅣ auf dem Parkplatz 주차장에 ㅣ werden...gewartet 기다리게 되다 (warten의 수동태) ㅣ nur [adv.] ~만을, 단지 ㅣ sollen [m.v] ~해야 한다 ㅣ aussteigen [v.] 하차하다

유형 3 •••

MP3 01_03

무엇이 옳은가요?

a , b , c 중에 ✕ 표시를 하세요.

본문은 두 번 듣게 됩니다.

▶ **Aufgabe 11**

📄 Skript

Ich brauche Größe 36. Ich finde diese Schuhe eigentlich sehr schön, aber ich glaube, sie sind ein bisschen eng. Können Sie mir vielleicht noch etwas Anderes zeigen? Ich suche bequeme und elegante Schuhe für meine Arbeit.

🔍 해석

저는 36 사이즈가 필요합니다. 저는 원래 이 신발이 정말 예쁘다고 생각하지만, 제 생각에, 그것은 조금 낍니다. 당신은 혹시 저에게 무언가 다른 것을 보여주실 수 있나요? 저는 직업을 위해 편안하고 우아한 신발을 찾고 있습니다.

11 그 남자는 무엇 때문에 신발이 필요한가?

a 운동을 위해서

✕ 직업을 위해서

c 우아한 파티를 위해서

> **어휘** brauchen [v.] 필요하다 ┃ die Größe [n.] 사이즈 ┃ der Schuh [n.] 신발, 구두 ┃ eigentlich [a.] 원래의, 본래의 ┃ glauben [v.] 생각하다 ┃ ein bisschen [a.] 약간의, 소량의 ┃ eng [a.] 꼭 끼는, 답답한 ┃ können [m.v] 할 수 있다 ┃ zeigen [v.] 보여주다 ┃ suchen [v.] 찾다 ┃ bequem [a.] 편안한 ┃ elegant [a.] 우아한 ┃ für [prp.] ~을 위해 ┃ die Arbeit [n.] 직업, 일 ┃ wofür [adv.] 무엇 때문에 ┃ der Sport [n.] 운동 ┃ die Party [n.] 파티

▶ Aufgabe 12

 Skript

Hallo Sara, hier ist Jasmin. Ich bin noch in der Bank. Mein Auto steht vor der Post. Ich komme dich sofort abholen. Treffen wir uns vor dem Buchladen, warte da am Eingang auf mich. Ich bin gleich da.

🔍 **해석**

안녕 Sara, Jasmin이야. 나는 아직 은행에 있어. 내 자동차는 우체국 앞에 있어. 내가 바로 너를 데리러 갈게. 우리 서점 앞에서 만나자. 거기 입구에서 나를 기다려. 나는 곧 그곳에 도착해.

12 소녀들은 어디서 만나는가?

ⓐ 은행 앞에서

ⓑ 우체국 앞에서

☒ 서점 앞에서

> **어휘** die Bank [n.] 은행 ┃ stehen [v.] 서 있다 ┃ vor [prp.] ~앞에 ┃ die Post [n.] 우체국 ┃ sofort [adv.] 즉시 ┃ abholen [v.] 데리러 오다 ┃ sich treffen [v.] 만나다 ┃ am Eingang 입구에서 ┃ gleich [adv.] 곧 ┃ da [adv.] 거기에 ┃ das Mädchen [n.] 소녀 ┃ das Buchgeschäft [n.] 서점

▶ Aufgabe 13

 Skript

Hallo Lukas, hier ist Ursula. Bist du fertig mit den Hausaufgaben? Gehst du mit mir einkaufen? Komm doch auch mit, wir wollten in das neue Geschäft in der Hauptstraße gehen. Wir treffen uns um 12 Uhr am Kiosk vor der Uni. Tschüss!

🔍 **해석**

안녕 Lukas, Ursula야. 너 숙제를 마쳤니? 너 나와 함께 장 보러 갈래? 함께 가자, 우리 하웁트 거리에 있는 새로운 가게에 가려고 했잖아. 우리 12시에 대학교 앞 매점에서 만나자. 안녕!

13 여자는 무엇을 함께 하기를 원하는가?

☐ⓐ 숙제를 하다

☒ 장보러 가다

☐ⓒ 대학교에 가다

> **어휘** fertig [a.] 끝난 ┊ die Hausaufgabe [n.] 숙제 ┊ einkaufen gehen [v.] 장 보러 가다 ┊ mitkommen [v.] 함께 오다 ┊ wollten [m.v] ~하고 싶었다 (wollen의 과거) ┊ das Geschäft [n.] 가게 ┊ sich treffen [v.] 만나다 ┊ am Kiosk 매점에서 ┊ vor [prp.] ~앞에 ┊ die Uni [n.] 대학교 (Universität의 구어) ┊ wollen [m.v] ~하고 싶다 ┊ zusammen [adv.] 함께 ┊ machen [v.] 하다

▶**Aufgabe 14**

📄 **Skript**

Liebe Susanne, ich kann dich nun leider nicht abholen, aber du findest bestimmt ein Taxi am Bahnhof. Weißt du die Adresse noch? Wir wohnen in Augsburgerstraße 34, das ist ganz in der Nähe von der Berliner Straße 34. Der Taxifahrer kennt die Straße bestimmt, weil sie ziemlich bekannt ist. Tschüss, ich freue mich auf dich!

🔍 **해석**

사랑하는 Susanne, 나는 유감스럽게도 지금 너를 데리러 갈 수 없어. 하지만 너는 역에서 분명히 택시를 발견할 거야. 너는 그 주소를 아직 알고 있니? 우리는 아우크스부어거 거리 34번지에 살고 있어. 그것은 베를리너 거리 34에서 매우 가까워. 택시 기사가 그 거리를 분명히 알 거야. 왜냐하면 그 거리는 꽤 유명해. 안녕, 나는 너를 만나길 기대해!

14 주소가 어떻게 되는가?

☐ⓐ 베를리너 거리 34번지

☐ⓑ 아우크스부어거 거리 32번지

☒ 아우크스부어거 거리 34번지

> **어휘** können [m.v.] ~할 수 있다 ┊ abholen [v.] 데리러 가다 ┊ finden [v.] 발견하다 ┊ bestimmt [adv.] 분명히, 확실히 ┊ der Bahnhof [n.] 역 ┊ wissen [v.] 알다 ┊ die Adresse [n.] 주소 ┊ noch [adv.] 아직 ┊ wohnen [v.] 거주하다, 살다 ┊ ganz [adv.] 아주 ┊ in der Nähe 근처에 ┊ kennen [v.] 알다 ┊ ziemlich [adv.] 꽤 ┊ bekannt [a.] 유명한 ┊ sich freuen auf [v.] 고대하다

▶Aufgabe 15

📄 Skript

Hallo, Maria. Hier ist Jakob. Ich habe jetzt Informationen über unseren Deutschkurs bekommen. Er findet am Dienstag um 10 Uhr statt, nicht im Raum 114 sondern im Raum 214. Da du vermutlich den Raum nicht kennst, werde ich unten am Eingang auf dich warten, o.k.? Auf jeden Fall brauche ich deine Hilfe, weil die Hausaufgaben in Grammatik zu schwer sind.

🔍 해석

안녕, Maria. 나 Jakob이야. 나는 지금 우리 독일어 수업에 대한 정보를 받았어. 독일어 수업은 화요일 10시에 114호실이 아닌 214호실에서 열린대. 하지만 너는 추측건대 방이 어디 있는지 모를 거 같아서 내가 아래 입구에서 너를 기다릴게. 알았지? 어쨌든 나는 문법 숙제가 너무 어려워서 너의 도움이 꼭 필요해.

15 Jakob은 어디서 Maria를 만나는가?

☒ 입구에서

b 114 호실에서

c 214 호실에서

어휘 die Information [n.] 정보 ∣ der Deutschkurs [n.] 독일어 강좌 ∣ bekommen [v.] 받다 ∣ stattfinden [v.] 개최하다 ∣ vermutlich [adv.] 추측건대. 아마 ∣ unten [adv.] 아래에 ∣ am Eingang 입구에서 ∣ warten [v.] 기다리다 ∣ auf jeden Fall [adv.] 어쨌든 ∣ treffen [v.] 만나다

유형 1 • • •

2개의 본문과 1~5번까지의 문제를 읽으세요.

맞으면 Richtig 에 틀리면 Falsch 에 ✕ 표시를 하세요.

---

von: brigittlove@gmail.net
an: Luisa-fw@gmail.net

Hallo Luisa,
herzlichen Dank für deine Einladung. Natürlich komme ich gern zu deinem Geburtstag.
Du willst doch im Garten feiern, oder? Hoffentlich ist am Sonntag das Wetter gut! Auf
jeden Fall möchten Lena und ich kommen. Wir kommen mit meinem Auto und wir
bringen Getränke mit. Brauchst du sonst noch etwas? Ruf mich einfach an. Ich freue
mich schon auf die Party. Bis nächste Woche!

Liebe Grüße
Brigitte

어휘   die Einladung [n.] 초대 ┊ natürlich [a.] 당연히 ┊ zu [prp.] ~에 ┊ der Geburtstag [n.] 생일 ┊ wollen
[m.v] ~하고 싶다 ┊ im Garten 정원에서 ┊ feiern [v.] 파티를 하다 ┊ hoffentlich [adv.] 바라건대 ┊ am
Sonntag 일요일에 ┊ das Wetter [n.] 날씨 ┊ auf jeden Fall 어떠한 경우라도 ┊ möchten [m.v] ~을
원하다 ┊ mitbringen [v.] 가져오다 ┊ das Getränk [n.] 음료, 주류 ┊ brauchen [v.] 필요하다 ┊ sonst
[adv.] 그 밖에 ┊ noch [adv.] 더 ┊ etwas 어떤 것, 무엇 ┊ anrufen [v.] 전화하다 ┊ einfach [adv.] 그냥 ┊ sich
freuen auf [v.] ~고대하다

🔍 **해석**

안녕 Luisa,
초대해 줘서 진심으로 고마워. 당연히 나는 네 생일에 갈 거야. 너는 정원에서 파티하기를 원하잖아, 안 그
래? 일요일에 날씨가 좋기를 바래! Lena와 나는 어떠한 경우라도 갈 거야. 우리는 내 자동차를 타고 가고
우리가 음료수를 가지고 갈게. 너는 그 밖에 무엇이 더 필요하니? 나에게 그냥 전화해. 나는 파티가 벌써
기대돼. 다음 주에 만나자!

사랑과 안부를 담아
Brigitte

0	Luisa는 곧 생일이다.	~~Richtig~~	*Falsch*
1	파티는 정원에서 열린다.	~~Richtig~~	*Falsch*
2	Luisa는 Brigitte가 요청할 것이 더 있는지 묻는다.	Richtig	~~Falsch~~

> **어휘** zur Party 파티로 ┃ stattfinden [v.] 열리다, 개최되다 ┃ im Garten 정원에서 ┃ fragen [v.] 묻다 ┃
> ob ～인지 아닌지 ┃ der Wunsch [n.] 요청, 바라는 것

---

von: antonio@gmail.net
an: jenjens@gmail.net

Bremen, 4. August

Liebe Rosalie,
wie gefällt es dir in Dresden? Hast du viel neues erlebt? Ich möchte dich im September
besuchen. Wie findest du das? Kann ich bei dir bleiben? Ich werde nur zwei oder drei Tage
da sein. Du musst doch morgens in die Universität gehen, dann würde ich mir die Stadt
ansehen. Ich war ja noch nie in Dresden.
Am Abend kann ich für dich etwas kochen oder wir holen uns einfach eine Pizza.
Wir können danach zusammen ins Theater oder in die Disko gehen. Das ist doch ein
wunderbares Programm oder? Schreib mir, wenn du noch andere Ideen hast.

Mit freundlichen Grüßen
von Anton

> **어휘** haben...erlebt [v.] 경험했다 (erleben의 현재완료) ┃ möchten [m.v] ～원하다 ┃ im September 9월에
> ┃ besuchen [v.] 방문하다 ┃ können [m.v] ～할 수 있다 ┃ bei dir 너희 집에서 ┃ bleiben [v.] 머무르다 ┃
> werden [v.] ～이 되다 ┃ da sein [v.] 그곳에 있다 ┃ in die Universität 대학교로 ┃ die Stadt [n.] 도시 ┃
> ansehen [v.] 구경하다 ┃ noch [adv.] 아직 ┃ nie [adv.] ～한 적이 없다 ┃ kochen [v.] 요리하다 ┃ holen [v.]
> 가지고 오다 ┃ danach [adv.] 그 다음에 ┃ zusammen [adv.] 함께 ┃ ins Theater 극장에 ┃ in die Disko
> 디스코에 ┃ wunderbar [a.] 멋진 ┃ das Programm [n.] 프로그램 ┃ schreiben [v.] 쓰다 ┃ ander [a.] 다른
> ┃ die Idee [n.] 아이디어

해석

브레멘, 8월 4일.

친애하는 Rosalie,
드레스덴은 네 마음에 들어? 너는 많은 새로운 경험을 했니? 나는 9월에 너를 방문하고 싶어. 너는 그것에 대하여 어떻게 생각하니? 내가 너희 집에서 머무를 수 있니? 나는 2일이나 3일만 그곳에 있을 거야. 너는 아침에 대학교에 가야만 하잖아. 그럼 나는 도시를 구경할 거야. 나는 아직 드레스덴에 가 본 적이 없어. 저녁에는 내가 너를 위해 무언가를 요리하거나 우리 그냥 피자를 사오자. 우리는 그 다음에 함께 극장에 가거나 디스코에 갈 수도 있어. 그것은 멋진 프로그램이야. 그렇지 않니? 네가 또 다른 아이디어가 있다면 답장해 줘.

많은 친절한 안부를 담아
Anton

3   Anton은 9월에 드레스덴에 있었다.   ☐ Richtig   ~~Falsch~~

4   Rosalie는 드레스덴에서 대학 공부를 하기 원한다.   ☐ Richtig   ~~Falsch~~

5   Anton은 그 도시에 대해 잘 알지 못한다.   ~~Richtig~~   ☐ Falsch

> **어휘**   waren [v.] ~있었다 (sein의 과거) ┊ in Dresden 드레스덴에서 ┊ wollen [m.v] 원하다 ┊ studieren [v.] 대학 공부를 하다 ┊ kennen [v.] 알다

유형 2 ●●●

본문과 6~10번까지의 문제를 읽으세요.

정보는 어디에서 찾을 수 있나요? ⓐ 또는 ⓑ에서 정답을 찾아 ✕ 표시를 하세요.

Beispiel

0 당신은 쾰른에 있고 저녁에 프랑크푸르트에 도착하기를 바란다. 당신은 기차를 타고 가기를 원한다.

www-reiseauskunft-bahn.de			
역	시간	걸리는 시간	게이트
쾰른	출발 18.44	1.09	8
프랑크푸르트	도착 19.53		

www.reiseportal.de			
역	시간	걸리는 시간	게이트
쾰른	출발 13.55	2.20	6
프랑크푸르트	도착 16.15		

vom Goethe-Institut

정답 a

어휘 der Bahnhof [n.] 중앙역 ┊ die Zeit [n.] 시간 ┊ die Dauer [n.] 걸리는 시간 ┊ das Gleis [n.] 선로, 게이트

6 당신은 알고 싶어 한다: 오늘 독일에는 어디에서 해가 비치는가?

www.stadt-service.de
도시를 입력하고 검색을 클릭하세요. 신문 서비스 도로 서비스 시가지도 프랑크푸르트 현재 날씨 정보

www.sonnen-reise.de
독일에서 태양이 비치는 낙원 태양 아래서의 저렴한 여행 지금 빠르게 클릭하세요!

정답 a

어휘 wissen [v.] 알다 ┊ scheinen [v.] 비치다 ┊ die Sonne [n.] 해 ┊ klicken [v.] 클릭하다 ┊ das Suchen [n.] 검색 ┊ der Zeitungsdienst [n.] 신문 서비스 ┊ der Straßedienst [n.] 도로 서비스 ┊ aktuell [a.] 현재의 ┊ der Wetterbericht [n.] 날씨 보고 ┊ Sonnenparadiese [n.] 태양이 비치는 낙원 (pl.) ┊ günstig [a.] 저렴한 ┊ die Reise [n.] 여행 ┊ schnell [a.] 빠르게

7 당신은 오늘 저녁에 우아한 레스토랑에서 조용하게 식사를 하고 싶다. 오늘은 월요일이다.

www.italien-franz.de 이탈리아 & 프랑스 요리 친애하는 고객 여러분! 우리는 오늘 무엇인가 아주 특별한 것을 당신을 위해 준비했습니다! 오픈 시간 11.30시부터 – 22시까지 전화: 0611 39 39 44	www.restaurant-asia.de 중국 – 레스토랑 오늘 저녁에 라이브 음악과 댄스! 탄트리스 밴드가 당신을 위해 연주하고 노래합니다. 월요일 쉬는 날 매일 17시부터 23시. – 큰 정원 – 이곳을 클릭하세요!

정답 a

어휘 möchten [m.v] ~하고 싶다 ⎪ heute Abend [n.] 오늘 저녁 ⎪ elegant [a.] 우아한 ⎪ das Restaurant [n.] 레스토랑 ⎪ essen [v.] 식사하다 ⎪ italienisch [a.] 이탈리아의 ⎪ französisch [a.] 프랑스의 ⎪ die Küche [n.] 요리 ⎪ spielen [v.] 연주하다 ⎪ singen [v.] 노래하다 ⎪ der Ruhetag [n.] 휴무일 ⎪ täglich [a.] 매일의

8 당신은 휴가를 위해 바다에 있는 아파트를 임대하고 싶다.

www.günstig-wohnung-de 독일에서 매우 저렴한 방 1개 – 집과 아파트. 매월 매물이 있습니다. 저렴하게 구매하세요!	www.verkehrsmittel-vrr.de 교통 연결편 선박 운행 시간표 지리적인 지도 호텔 펜션 별장: 섬

정답 b

어휘 möchten [m.v] ~을 원하다 ⎪ der Urlaub [n.] 휴가 ⎪ das Apartment [n.] 아파트 ⎪ am Meer 바다 앞에 ⎪ mieten [v.] 임대하다 ⎪ supergünstig [a.] 매우 저렴한 ⎪ das Zimmer [n.] 방 ⎪ die Wohnung [n.] 집 ⎪ das Apartment [n.] 아파트 ⎪ die Verkehrsverbindung [n.] 교통 연결 ⎪ der Schiffsfahrplan [n.] 선박 운행 시간표 ⎪ geografisch [a.] 지리적인 ⎪ das Hotel [n.] 호텔 ⎪ die Pension [n.] 펜션 ⎪ die Ferienwohnung [n.] 별장 ⎪ die Insel [n.] 섬

9 당신은 브레멘에 있는 아파트를 찾는다.

www.dringende-wohnen.de

찾습니다:

4월에 긴급하게 브레멘에 있는 작은 집 또는
방 – 가구가 딸린 집 또한 환영

저에게 전화해 주세요:
0061 88 92 34

www.haus-bremen.de

브레멘에서 거주하세요!

단독주택 매매
단독주택 임대
주택 매매
주택 임대
이번 주의 매물

정답 b

어휘 suchen [v.] 찾다 | das Apartment [n.] 아파트 | dringend [a.] 긴급한 | für April 4월을 위한 | klein [a.] 작은 | die Wohnung [n.] 집 | auch [adv.] ~도 | möbliert [a.] 가구 딸린 | das Haus 단독주택 | kaufen [v.] 구매하다 | mieten [v.] 임대하다 | das Angebot [n.] 공급. 제공

10 당신은 당신의 친구를 위한 일자리를 찾는다. 그는 운전면허증이 없다.

www.mitarbeiter-gesucht.de
구함:
레스토랑의 큰 주방에서 함께 일할 사람.
시급 지급, 시급: 8유로

Tel. 08193/14 32

www.pizza-hundert.de
피자 hundert

배달을 위한 사람 구함.
토요일과 일요일에
좋은 보수
근무시간 유동성 있음.

Tel.: 08193/13 55

정답 a

어휘 die Großküche [n.] 큰 주방 | der Führerschein [n.] 운전면허증 | der Mitarbeiter [n.] 함께 일할 사람 | die Bezahlung [n.] 지급 | die Stunde [n.] 시간 | suchen [v.] 찾다 | die Person [n.] 사람 | flexibel [a.] 유동성 있는

유형 3 • • •

본문과 11~15번까지의 문제를 읽으세요.
맞으면 Richtig 에 틀리면 *Falsch* 에 ✕ 표시를 하세요.

Beispiel

어학원

어학원이 이전했습니다.
당신은 이제 베토벤 거리 23에서
우리를 만날 수 있습니다.

독일어를 배우려면 베토벤 거리 23번지로 가야 한다. ~~Richtig~~ *Falsch*

> **어휘** **das Sprachzentrum** [n.] 어학원, 어학 센터 | **sein...umgezogen** [v.] 이사 갔다 (umziehen의 현재완료) | **finden** [v.] 발견하다

---

11 레스토랑 문 앞에

레스토랑 "OLIVO"로 오세요

3명의 종업원(남)/종업원(여)를 구함

교대 영업시간,
17시부터 20시까지 또는
20시부터 23시까지

학생(남)/학생(여)도 환영

영업시간은 항상 17시부터 23시이다. Richtig

> **어휘** **die Tür** [n.] 문 | **suchen** [v.] 찾다 | **der Kellner** [n.] (남)웨이터 | **die Kellnerin** [n.] (여)웨이터 | **wechselnd** [a.] 교대하는 | **die Arbeitszeit** [n.] 영업시간 | **immer** [adv.] 항상

12 백화점에서

> ## 백화점 전 구역에서는
> ## 흡연은 금지입니다!

당신은 이곳에서 가끔 흡연할 수 있습니다.   Richtig   ~~Falsch~~

> **어휘**   der Kaufhof [n.] 백화점 | gesamt [a.] 전체의 | das Rauchen [n.] 흡연 | verboten [a.] 금지된 | dürfen [m.v] ~하는 것이 허용되다 | ab und zu 가끔 | rauchen [v.] 흡연하다

13 학교 문 앞에

> ## 존경하는 학부모님!
> 금요일에 우리는 학부모의 밤이 있습니다.
> 우리는 모든 부모님이
> 이날 저녁에 오실 수 있기를 바랍니다.
>
> 잊지 마세요: 금요일 17시.

금요일에 학생들과 선생님이 만난다.   Richtig   ~~Falsch~~

> **어휘**   geehrt [a.] 존경하는 | hoffen [v.] 바라다 | vergessen [v.] 잊다 | sich treffen [v.] 만나다

14 신발 가게

> # 우리는 이사합니다!
>
> 당신은 다음주부터 알렉산더 거리 15번지에서
> 우리 가게를 발견하실 수 있습니다.

당신은 오늘부터 이미 알렉산더 거리 15번지에서 신발을 구매할 수 있다.　Richtig　

> **어휘**　das Schuhgeschäft [n.] 신발 가게 ㅣ umziehen [v.] 이사하다 ㅣ finden [v.] 발견하다 ㅣ ab nächster Woche 다음주부터 ㅣ schon [adv.] 이미 ㅣ das Schuh [n.] 신발, 구두

15 백화점 창문에

> # 특가 20%
> # 더 적게 지불하세요!
>
> 부활절이 임박합니다.
> 당신은 이미 모든 것을 준비했나요?
>
> 내일 모레부터 모든 것은
> 오직 절반 가격 입니다.

부활절 전에는 큰 할인 행사가 있다.　~~Richtig~~　Falsch

> **어휘**　die Sonderaktion [n.] 특가, 특별 제공 ㅣ zahlen [v.] 지불하다 ㅣ das Ostern [n.] 부활절 ㅣ vor der Tür 임박한 ㅣ haben...vorbereitet [v.] 준비했다 (vorbereiten의 현재완료) ㅣ ab übermorgen 모레부터 ㅣ halb [a.] 절반의 ㅣ der Preis [n.] 가격 ㅣ vor Ostern 부활절 전에 ㅣ die Ermäßigung [n.] 할인

실전모의고사 | 제1회   SCHREIBEN

유형 1 ●○

당신의 친구인 Carmela Willhelm은 그녀의 남편과 그녀의 두 딸(4살과 8살)과 빈에서 휴가를 보내고 있습니다. 그녀는 여행사에서 다음 주 일요일에 파리로 가는 버스 여행을 예약하려고 합니다. Willhelm 부인은 신용카드가 없습니다.

양식에는 5개의 정보가 빠져 있습니다.
당신의 친구를 도와주시고 5개의 빈칸에 채워서 서식을 완성하세요.
마지막에는 당신의 답을 해답지에 적으세요.

어휘 der Urlaub [n.] 휴가 | in Wien 빈에서 | das Reisebüro [n.] 여행사 | buchen [v.] 예약하다 | die Busfahrt [n.] 버스 여행 | die Kreditkarte [n.] 신용카드 | das Formular [n.] 양식, 서식 | fehlen [v.] (필요한 것이) 빠지다 | die Information [n.] 정보 | helfen [v.] 돕다 | am Ende 마지막에 | schreiben [v.] 적다, 쓰다 | die Lösung [n.] 해답 | auf den Atwortbogen 해답지에

PARIS – RUNDFAHRT

Anmeldung

name :	Carmela Willhelm	(0)
Anzahl der Personen :	vier	(1)
Davon Kinder :	zwei	(2)
Urlaubsadresse :	Hôtel Alyss Saphir	
Postleitzahl, Urlaubsort :	75001 Paris	(3)

Der Reisepreis ist mit der Anmeldung zu bezahlen.

Zahlungsweise:

☒ bar (mit Quittung)

☐ Kreditkarte (4)

Reisetermin :	Nächsten Sonntag	(5)
Unterschrift :	*Carmela Willhelm*	

🔍 해석

파리 투어

등록

성 :	Carmela Willhelm	(0)
인원 수 :	4	(1)
아이들에 대하여 :	2	(2)
휴가 주소지 :	호텔 Alyss Saphir	
우편번호, 휴가 장소 :	75001 파리	(3)

여행 비용은 등록과 함께 지불해야 합니다.

지불 방법 :

    ☒ 현금 (영수증 포함)

    ☐ 신용카드   (4)

여행 일정 :   다음주 일요일   (5)

서명 :   *Carmela Willhelm*

어휘   die Anmeldung [n.] 등록 | die Anzahl [n.] 어떤 수 | die Person [n.] 사람 | die Urlaubsadresse [n.] 휴가 주소지 | die Postleitzahl [n.] 우편번호 | der Urlaubsort [n.] 휴가 장소 | der Reisepreis [n.] 여행 비용 | bezahlen [v.] 지불하다

유형 2 ••

당신의 친구 Christian Schmitz는 다음주에 당신을 방문하고 싶어 합니다. 메일을 적으세요.

　　　— 당신은 당신의 친구를 데리러 갈 수 없다.
　　　— 당신의 친구는 어떻게 당신의 집으로 오는가.
　　　— 누군가가 집에 있다.

> 각 제시문에 대하여 1 – 2개의 문장을
> 답안지에 적으세요. (약 30개의 단어).
> 호칭과 안부도 적으세요.

실전모의고사 제1회 정답 및 해설　29

예시 답안 1

Lieber Christian,
leider kann ich dich nicht abholen. Ich arbeite bis 18 Uhr. Nimm vor dem Bahnhof den Bus 34 und steig in der Aderstraße aus. Zu Hause ist meine Schwester. Dann bis bald!

Herzliche Grüße
Miriam

해석

친애하는 Christian,
유감스럽게도 나는 너를 데리러 갈 수가 없어. 나는 18시까지 일을 해. 역 앞에서 34번 버스를 타고 아더 거리에서 내려. 나의 여동생이 집에 있어. 그럼 곧 보자!

진심으로 안부를 담아
Miriam

어휘 nehmen [v.] 타다 ┃ der Bahnhof [n.] 역 ┃ aussteigen [v.] 하차하다

예시 답안 2

Lieber Christian,
tut mir leid, dass ich dich nicht abholen kann. Du kannst zu meiner Wohnung mit der U-bahn Linie 3 kommen. Meine Mutter wird auf dich warten. Ich freue mich schon auf dich.

Liebe Grüße
Miriam

해석

친애하는 Christian,
내가 너를 데리러 오지 못해서 미안해. 너는 지하철 3호선을 타고 우리 집으로 갈 수 있어. 나의 어머니가 너를 기다리고 있을 거야. 나는 네가 오는 것을 벌써 고대하고 있어.

사랑의 안부를 담아
Miriam

어휘 werden [v.] ~이 되다 | warten [v.] 기다리다 | sich freuen auf [v.] 고대하다

유형 1 ● ● ●

MP3 01_04

자신을 소개합니다.

이름?

_____

나이?

_____

나라?

_____

사는 곳?

_____

언어?

_____

직업?

_____

취미?

예시 답안

Hallo! Ich bin Anja. Ich bin 20 Jahre alt. Ich komme aus Frankreich aber wohne jetzt in Korea, Seoul. Meine Muttersprache ist Französisch und ich kann ein bisschen Deutsch und Koreanisch sprechen. In der Freizeit mag ich sehr viel reisen. Ich habe schon viele Orte in Europa besucht. Das letzte Mal war ich in München. Es ist wirklich eine schöne Stadt!

해석

안녕! 나는 Anja야. 나는 20살이야. 나는 프랑스 출신이지만 지금은 한국, 서울에서 살고 있어. 나의 모국어는 프랑스어이고 조금의 독일어와 한국어를 말할 수 있어. 나는 여가시간에 여행하는 것을 매우 좋아해. 나는 벌써 유럽의 많은 장소들을 방문했어. 마지막으로는 뮌헨에 있었어. 정말 아름다운 도시야!

어휘 die Muttersprache [n.] 모국어 ┃ das Französisch [n.] 프랑스어 ┃ das Deutsch [n.] 독일어 ┃ das Koreanisch [n.] 한국어 ┃ sprechen [v.] 말하다 ┃ in der Freizeit 여가시간에 ┃ mögen [m.v] 좋아하다 ┃ reisen [v.] 여행하다 ┃ haben...besucht [v.] 방문했다 (besuchen의 현재완료) ┃ der Ort [n.] 장소 ┃ letzt [a.] 마지막의 ┃ wirklich [a.] 정말 ┃ die Stadt [n.] 도시

유형 2 ● ● ○

MP3 01_05

상대방의 정보에 대해 질문하고 정보 주기.
하나의 주제를 가지고 질문을 하고, 질문에 대한 대답을 해야 합니다. 당신은 파트너와 함께
대화를 합니다.

답안 A

Start Deutsch 1	Sprechen Teil 2
Übungssatz 01	Kandidatenblätter
주제: 여행하다	

자동차

🕐 **예시 답안**

A Machen Sie eine Reise mit dem Auto?
B Ja, dieses Mal fahre ich in die Berge.

🔍 **해석**

A 당신은 자동차를 타고 여행을 합니까?
B 네, 저는 이번에 산으로 갑니다.

어휘 machen [v.] ~을 하다
die Reise [n.] 여행
fahren [v.] (무엇을 타고) 가다
in die Bergen 산으로

Start Deutsch 1	Sprechen Teil 2
Übungssatz 01	Kandidatenblätter
주제: 여행하다	

나라들

🕐 **예시 답안**

A Welche Länder möchten Sie
besuchen?
B Deutschland und England werde ich
besuchen.

🔍 **해석**

A 당신은 어느 나라들을 방문하기를 원하십니
까?
B 저는 독일과 영국을 방문할 거예요.

어휘 welch [a.] 어느, 어떤
werden [v.] ~되다
besuchen [v.] 방문하다

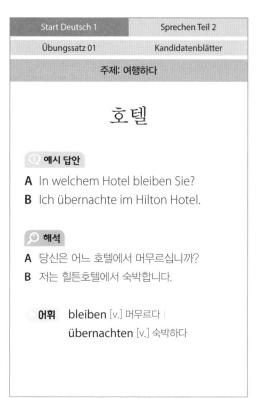

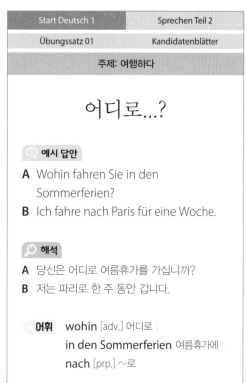

Start Deutsch 1	Sprechen Teil 2
Übungssatz 01	Kandidatenblätter
주제: 여행하다	

누구와 함께...?

예시 답안

A Mit wem wollen Sie reisen?
B Ich will mit meiner Familie reisen.

해석

A 당신은 누구와 함께 여행하고 싶습니까?
B 저는 가족과 함께 여행하고 싶습니다.

어휘 mit wem 누구와 함께
reisen [v.] 여행하다

Start Deutsch 1	Sprechen Teil 2
Übungssatz 01	Kandidatenblätter
주제: 여행하다	

도시 지도

예시 답안

A Benutzen Sie einen Stadtplan, wenn Sie reisen?
B Natürlich. Ohne einen Stadtplan ist es schwierig in einer fremden Stadt.

해석

A 당신은 여행하실 때 도시 지도를 이용하십니까?
B 당연하죠. 도시 지도 없이는 낯선 도시에 있는 것이 어렵습니다.

어휘 benutzen [v.] 이용하다
der Stadtplan [n.] 도시 지도
schwierig [a.] 어려운
fremd [a.] 낯선

답안 B

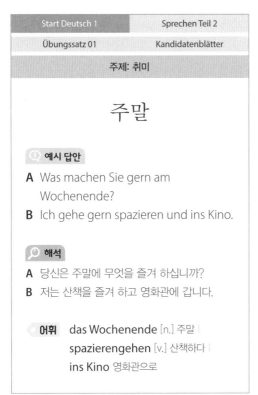

Start Deutsch 1	Sprechen Teil 2
Übungssatz 01	Kandidatenblätter

주제: 취미

주말

🔘 **예시 답안**

A Was machen Sie gern am Wochenende?

B Ich gehe gern spazieren und ins Kino.

🔍 **해석**

A 당신은 주말에 무엇을 즐겨 하십니까?

B 저는 산책을 즐겨 하고 영화관에 갑니다.

어휘 das Wochenende [n.] 주말 |
spazierengehen [v.] 산책하다 |
ins Kino 영화관으로

Start Deutsch 1	Sprechen Teil 2
Übungssatz 01	Kandidatenblätter

주제: 취미

음악

🔘 **예시 답안**

A Ist Musik hören Ihr Hobby?

B Ja, ich höre jeden Tag Musik.

🔍 **해석**

A 음악 듣기가 당신의 취미입니까?

B 네, 저는 음악을 매일 듣습니다.

어휘 die Musik [n.] 음악 |
hören [v.] 듣다 |
das Hobby [n.] 취미

Start Deutsch 1	Sprechen Teil 2
Übungssatz 01	Kandidatenblätter

주제: 취미

축구

예시 답안

A Spielen Sie auch gern Fußball?
B Leider ist es nicht mein Hobby.

해석

A 당신도 축구 경기를 즐겨 하십니까?
B 유감스럽게도 그것은 저의 취미가 아닙니다.

어휘 spielen [v.] 경기하다 |
der Fußball [n.] 축구

Start Deutsch 1	Sprechen Teil 2
Übungssatz 01	Kandidatenblätter

주제: 취미

가장 좋아하는 운동

예시 답안

A Was ist Ihr Lieblingssport?
B Ich spiele gern Basketball.

해석

A 당신이 가장 좋아하는 운동은 무엇입니까?
B 저는 농구를 즐겨 합니다.

어휘 der Lieblingssport [n.] 가장
좋아하는 운동 |
der Basketball [n.] 농구

유형 3 •••

MP3 01_06

그림에 대하여 표현하고 거기에 대해 반응해 보세요.

그림 카드를 보고 답하는 문제입니다. 한 그룹 안에서 돌아가면서 부탁을 하고, 그 부탁에 대해 대답을 하세요.

답안 A

예시 답안

A Sagen Sie mir welche Tomaten frisch sind!
B Ja, die Tomaten hier sind frisch.

해석

A 어떤 토마토가 신선한지 말해 주세요!
B 네, 여기 토마토가 신선합니다.

어휘 sagen [v.] 말하다
welch [a.] 어느
frisch [a.] 신선한

예시 답안

A Gehen Sie zum Arzt, wenn Ihre Hand weh tut!
B Ja, das mache ich.

해석

A 당신의 손이 아프시면 병원에 가세요!
B 네, 제가 그렇게 할게요.

어휘 der Arzt [n.] 의사
die Hand [n.] 손
weh tun [v.] 아프다

Goethe-Zertifikat A1	Sprechen Teil3
Modellsatz	Kandidatenblätter

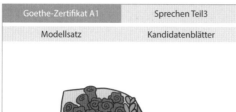

예시 답안

A Schenken Sie Ihrer Freundin die Blumen!
B Danke, aber ich habe keine Freundin.

해석

A 당신의 여자 친구에게 꽃을 선물하세요!
B 고마워요, 하지만 저는 여자 친구가 없어요.

어휘 schenken [v.] 선물하다 ┆
die Blume [n.] 꽃

Goethe-Zertifikat A1	Sprechen Teil3
Modellsatz	Kandidatenblätter

예시 답안

A Fragen Sie den Bäcker, was das Brot kostet!
B Ok, ich werde es machen.

해석

A 그 빵이 얼마인지, 제빵사에게 물어보세요!
B 네, 제가 할게요.

어휘 fragen [v.] 묻다 ┆
der Bäcker [n.] 빵집 주인, 제빵사 ┆
das Brot [n.] 빵 ┆
kosten [v.] (의) 값이다

실전모의고사 **제1회** SPRECHEN

Goethe-Zertifikat A1	Sprechen Teil3
Modellsatz	Kandidatenblätter

🗨 **예시 답안**

A Hier darf man nicht rauchen.
B Entschuldigung. Ich habe es nicht gewusst.

🔍 **해석**

A 이곳에서 흡연을 하시면 안 됩니다.
B 죄송합니다. 저는 그것을 알지 못했습니다.

> **어휘** dürfen...nicht [m.v] ～금지이다 ┃
> rauchen [v.] 흡연하다 ┃
> haben...gewusst [v.] 알고 있었다
> (wissen의 현재완료)

Goethe-Zertifikat A1	Sprechen Teil3
Modellsatz	Kandidatenblätter

🗨 **예시 답안**

A Nehmen Sie die Busnummer 103!
B Danke schön für die Information.

🔍 **해석**

A 버스 103번을 타세요!
B 정보를 주셔서 감사합니다.

> **어휘** nehmen [v.] ～을 타다 ┃
> die Busnummer [n.] 버스 번호 ┃
> die Information [n.] 정보

답안 B

🔊 **예시 답안**

A Öffnen Sie die Tür für die Gäste!
B Das wollte ich machen.

🔍 **해석**

A 손님을 위해 문을 열어 주세요.
B 저는 그것을 하려고 했어요.

🔍 **어휘** öffnen [v.] 열다
die Tür [n.] 문
der Gast [n.] 손님
wollten [m.v.] ~을 하고 싶었다
(wollen의 과거)

Goethe-Zertifikat A1	Sprechen Teil3
Modellsatz	Kandidatenblätter

🔊 **예시 답안**

A Suchen Sie ein Kino!
B Ja, ich werde es so machen.

🔍 **해석**

A 영화관을 찾으세요!
B 네, 저는 그렇게 할 거예요.

🔍 **어휘** suchen [v.] 찾다
das Kino [n.] 영화관

Goethe-Zertifikat A1	Sprechen Teil3
Modellsatz	Kandidatenblätter

💬 예시 답안

A Trinken Sie jeden Tag eine Tasse Milch!

B Ja, das ist ein guter Vorschlag.

🔍 해석

A 매일 우유 한 잔을 마시세요!

B 네, 그것은 좋은 제안이네요.

> **어휘**　trinken [v.] 마시다 ┆
> die Tasse [n.] 잔 ┆
> der Vorschlag [n.] 제안

Goethe-Zertifikat A1	Sprechen Teil3
Modellsatz	Kandidatenblätter

💬 예시 답안

A Geben Sie mir die teure Uhr!

B Hier, bitte schön.

🔍 해석

A 저에게 비싼 시계를 주세요!

B 여기 있습니다.

> **어휘**　geben [v.] 주다 ┆
> teuer [a.] 비싼

예시 답안

A Kaufen Sie einen Stuhl für unter 30 Euro!

B Ja, ich mache es so.

해석

A 30유로 이하의 의자를 구매하세요!

B 네, 저는 그렇게 할 거예요.

> **어휘** kaufen [v.] 사다 ㅣ
> der Stuhl [n.] 의자 ㅣ
> unter [prp.] ~아래로

예시 답안

A Man darf nicht schnell das Motorrad fahren.

B Das wusste ich nicht.

해석

A 오토바이를 빠르게 운전하면 안 됩니다.

B 저는 그것을 몰랐습니다.

> **어휘** dürfen...nicht [m.v] ~하면 안 된다,
> ~금지이다 ㅣ schnell [a.] 빠르게 ㅣ
> das Motorrad [n.] 오토바이 ㅣ
> wussten [v.] ~을 알았다 (wissen의
> 과거)

제2회

실전모의고사
정답 및 해설

유형 1 ●●●

MP3 02_01

무엇이 정답일까요?

ⓐ, ⓑ, ⓒ 중에 ✕ 표시를 하세요.

본문은 두 번 듣게 됩니다.

Beispiel

📄 Skript

Frau Ach, Verzeihung, wo finde ich Herr Schneider vom Betriebsrat?

Mann Schneider. Warten Sie mal. Ich glaube, der ist in Zimmer Nummer 254. Ja, stimmt, Zimmer 254. Das ist im zweiten Stock. Da können Sie den Aufzug dort nehmen.

Frau Zweiter Stock, Zimmer 254. Okay, vielen Dank

🔍 해석

여자 실례합니다. 기업 상담 파트의 Schneider 씨를 어디서 만날 수 있나요?

남자 Schneider 씨요. 잠시만 기다려주세요. 제 생각에 그는 254호 방에 있을 거예요. 맞네요. 254호. 그것은 2층(한국식 3층)에 있어요. 저기서 엘리베이터를 타고 가시면 되요.

여자 2층(한국식 3층) 254호. 알겠습니다. 정말 감사합니다.

---

0   Schneider 씨의 방 번호는 무엇입니까?

ⓐ Zimmer 240.   ⓑ Zimmer 245.   ☒ Zimmer 254.

> **어휘** die Verzeihung [n.] 실례, 용서 ǀ finden [v.] 발견하다 ǀ vom Betriebsrat 기업 상담 파트의 ǀ warten [v.] 기다리다 ǀ glauben [v.] 생각하다, 믿다 ǀ das Zimmer [n.] 방 ǀ der Aufzug [n.] 엘리베이터 ǀ nehmen [v.] 타다, 잡다

▶Aufgabe 1

📄 **Skript**

Guten Tag, hier ist Cecilia. Ihr wisst ja, am Freitag ist mein Geburtstag, deshalb möchte ich am Samstag eine Party machen. Ich lade euch am Samstag um halb acht bei mir ein. Ist das okay? Ich rufe morgen noch einmal an. Tschüss!

🔍 **해석**

안녕, 여기는 Cecilia야. 너희가 알다시피, 금요일은 내 생일이야. 그래서 나는 토요일에 파티를 하고 싶어. 나는 토요일 7시 반에 우리 집으로 너희를 초대할게. 괜찮니? 내가 내일 다시 한 번 전화할게. 안녕!

1 Cecilia의 생일은 언제인가?

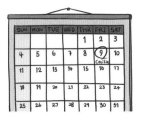
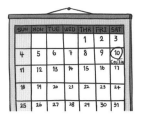

☒ Am Freitag   b Am Samstag   c morgen

> **어휘**   **wissen** [v.] 알다 ｜ **der Geburtstag** [n.] 생일 ｜ **deshalb** 그래서 ｜ **einladen** [v.] 초대하다 ｜ **anrufen** [v.] 전화하다

▶ **Aufgabe 2**

📄 **Skript**

Mann	Ich will am Dienstag nach Berlin.
Frau	Sie können mit dem Zug fahren, das kostet 102 Euro.
Mann	Kann ich von dort nach Köln fliegen?
Frau	Ja. Es gibt einen sehr billigen Flug von Berlin nach Köln.
Mann	Wunderbar, das mache ich! Ich fahre mit dem Auto nach Berlin und dort nehme ich den Flug nach Köln.

🔍 **해석**

남자	저는 화요일에 베를린으로 가고 싶어요.
여자	당신은 기차를 타고 가실 수 있습니다. 가격은 102유로입니다.
남자	제가 그곳에서 쾰른으로 비행기를 타고 갈 수 있나요?
여자	네. 베를린에서 쾰른으로 가는 아주 저렴한 비행기가 있습니다.
남자	멋지네요, 제가 그렇게 할게요! 저는 자동차를 타고 베를린으로 가서 그곳에서 비행기를 타고 쾰른으로 갈게요.

2 남자는 어떤 교통수단으로 쾰른에 가는가?

ⓐ Zug ⓑ Auto ☒ Flugzeug

어휘 nach [prp.] ~로 | fahren [v.] 타다 | kosten [v.] 값이 ~이다 | dort [adv.] 거기에서 | fliegen [v.]
비행하다 | billig [a.] 저렴한 | der Flug [n.] 비행기 | wunderbar [a.] 훌륭한 | nehmen [v.] 타다 |
das Verkehrsmittel [n.] 교통수단

▶**Aufgabe 3**

📄 Skript

Frau Was meinst du, wird ihr das Kleid da gefallen? Dieses Rot ist doch eigentlich sehr schön, findest du nicht?

Mann Oh nein, so was mag Linda nicht! Warum schenken wir ihr nicht ein gutes Buch zum Geburtstag?

Frau Das haben wir doch schon letztes Jahr gemacht, das geht nicht noch einmal. Ich möchte ihr etwas Besonderes schenken.

Mann Sollen wir ihr vielleicht einen Mantel schenken? Guck mal, den da!

Frau Nein, der ist viel zu teuer, aber vielleicht die Bluse da. Das ist doch was für Linda!

Mann Ja, der gefällt ihr bestimmt!

🔍 해석

여자 너는 어떻게 생각해, 저기 그 원피스가 그녀의 맘에 들까? 이 빨간색은 정말 예뻐, 그렇게 생각하지 않니?

남자 오 아니야, 그런 것을 Linda는 좋아하지 않아! 우리는 왜 그녀의 생일에 좋은 책을 선물하지 않아?

여자 그것은 우리가 이미 지난해에 했어, 한 번 더 할 수는 없잖아. 나는 그녀에게 무엇인가 특별한 것을 선물하고 싶어.

남자 우리 그녀에게 코트를 선물할까? 한 번 봐 봐, 저기 있는 것을!

여자 아니야, 그것은 너무 많이 비싸. 아니면 저기 저 블라우스는 어떨까. 그것은 Linda를 위한 거야!

남자 그래 그것은 확실히 그녀의 맘에 들 거야!

3 Linda는 생일 선물로 무엇을 받는가?

a Mantel ☒ Bluse c Buch

어휘 meinen [v.] 생각하다 ┃ gefallen [v.] (누구에게) 마음에 들다 ┃ eigentlich [adv.] 원래 ┃ finden [v.] 생각하다 ┃ warum [adv.] 왜 ┃ schenken [v.] 선물하다 ┃ das Buch [n.] 책 ┃ letztes Jahr 지난해 ┃ haben...gemacht [v.] 했다 (machen의 현재완료) ┃ etwas Besonderes 무엇인가 특별한 ┃ sollen [m.v] ~해야 한다 ┃ der Mantel [n.] 코트 ┃ gucken [v.] 바라보다 ┃ teuer [a.] 비싼 ┃ die Bluse [n.] 블라우스 ┃ bestimmt [adv.] 확실히 ┃ das Geschenk [n.] 선물

▶ Aufgabe 4

📄 Skript

Frau	Entschuldigung, wie komme ich zum „Bene Strand Hotel"?
Mann	Das ist nicht weit von hier, wollen Sie zu Fuß gehen?
Frau	Na ja, mein Koffer ist ziemlich schwer. Wie weit ist es denn zu Fuß?
Mann	Circa 17 Minuten. Sie können natürlich auch ein Taxi nehmen.
Frau	Hmm, ein Taxi...
Mann	Oder Sie können mit der Straßenbahn fahren.
Frau	Das ist eine gute Idee!
Mann	Nehmen Sie die Linie 3. Sie müssen in der Südstrandstraße aussteigen. Am besten fragen Sie den Fahrer.

🔍 해석

여자	실례합니다. 제가 어떻게 "베네 비치 호텔"로 갈 수 있나요?
남자	그곳은 이곳에서 멀지 않습니다. 걸어가기를 원하시나요?
여자	글쎄요. 제 여행용 가방이 꽤 무거워서요. 걸어서 가기에 얼마나 먼 거리에 있나요?
남자	약 17분이요. 당신은 당연히 택시를 타고 갈수도 있습니다.
여자	음. 택시...
남자	아니면 당신은 트램을 타고 갈수도 있어요.
여자	그거 좋은 생각이네요!
남자	3번 라인을 타세요. 당신은 남쪽해변 거리에서 하차해야만 합니다. 기사님에게 물어보는 것이 가장 좋습니다.

4 그녀는 어떻게 베네 비치호텔로 오는가?

ⓐ mit dem Taxi   ☒ mit der Straßenbahn   ⓒ zu Fuß

어휘 der Strand [n.] 비치, 해변 | zu Fuß 걸어서 | ziemlich [adv.] 꽤 | schwer [a.] 어려운 | wie weit 얼마나 먼 | die Minute [n.] 분 (시간의 단위) | können [m.v] ~할 수 있다 | natürlich [a.] 당연히 | das Taxi [n.] 택시 | nehmen [v.] 타다 | die Straßenbahn [n.] 전차, 트램

▶ **Aufgabe 5**

📄 Skript

Frau Es wird heute eine große Geburtstagsparty, nicht wahr?

Mann Ja, heute hat Jan Geburstag. Stell dir vor: 18 Kinder kommen zu seiner Party! Wunderbar!

Frau Mein Sohn, der schon 24 Jahre alt ist, organisiert seine Partys lieber allein. Wie alt ist Jan?

Mann Er ist jetzt 10.

Frau Also dann, viel Spaß bei der Geburtstagsparty.

🔍 해석

여자 오늘은 거대한 생일 파티가 될 거야, 그렇지 않니?

남자 맞아. 오늘은 Jan의 생일이야. 상상해 봐: 18명의 아이들이 그의 파티에 오는 거야! 놀랍지!

여자 이미 24살인 내 아들은 그의 생일 파티를 차라리 혼자 계획해. Jan은 몇 살이야?

남자 그는 지금 10살이야.

여자 그래 그럼. 즐거운 생일 파티가 되길 바랄게.

---

5 생일을 맞이한 사람의 나이는 몇 살인가?

☒ 10 Jahre alt   b 18 Jahre alt   c 24 Jahre alt

어휘 **wahr** [a.] 사실인 ∣ **sich vorstellen** (3격) [v.] 상상하다 ∣ **schon** [adv.] 이미 ∣ **organisieren** [v.] 계획하다 ∣ **der Spaß** [n.] 즐거움 ∣ **das Geburtstagskind** [n.] 생일을 맞이한 아이

▶ **Aufgabe 6**

📄 **Skript**

Guten Tag. Hier ist die Volkshochschule der Stadt Rotenberg. Bei uns können Sie jeden Monat einen Sprachkurs anfangen. Die nächsten Termine für den Einstufungstest sind am: 1. Mai und 1. Juni. Weitere Informationen bekommen Sie bei uns am Dienstag und Donnerstag von 18.00 bis 20.00 Uhr.

🔍 **해석**

안녕하세요. 여기는 로텐베르크 도시의 평생교육원입니다. 당신은 저희와 함께 매달 어학 강좌를 시작하실 수 있습니다. 배정 시험을 위한 다음 일정: 5월 1일 그리고 6월 1일입니다. 당신은 우리에게 더욱 자세한 정보를 화요일과 목요일 18시부터 20시까지 받을 수 있습니다.

---

6   배정 시험은 언제 없는가?

a   Mai   b   Juni   ☒   Juli

> **어휘** es gibt ~이 있다 | die Volkshochschule [n.] 평생교육원 | jeden Monat 매월 | anfangen [v.]
> 시작하다 | der Termin [n.] 일정 | der Einstufungstest [n.] 배정 시험 | weiter [a.] 더욱 자세한 |
> bekommen [v.] 받다 | der Sprachkurs [n.] 어학 강좌

유형 2 ●●○

맞으면 Richtig 에 틀리면 Falsch 에 X 표시를 하세요.
본문은 한 번 듣게 됩니다.

Beispiel

> **Skript**
>
> Frau Katrin Gundlach, angekommen aus Budapest, wird zum Informationsschalter in die Ankunftshalle C gebeten. Frau Gundlach bitte zum Informationsschalter in die Ankunftshalle C.
>
> **해석**
>
> 부다페스트에서 도착한 Katrin Gundlach 부인, C 도착 대합실의 안내소로 오세요. Katrin Gundlach 부인 C 도착 대합실의 안내소로 와 주시길 바랍니다.

0   여행객은 안내소 C번 홀로 오셔야 합니다.   ~~Richtig~~   Falsch

> **어휘** aus [prp.] ~에서 ǀ die Ankunftshalle [n.] 도착 대합실 ǀ der Informationsschalter [n.] 안내소, 안내 창구

▶**Aufgabe 7**

> **Skript**
>
> Liebe Kunden. Der Sommer fängt an! Unser Café-Restaurant im dritten Stock bietet Ihnen leckere Salate, Hähnchen und sogar Pizza an. Dazu haben wir auch frische Säfte. Es ist Ihre Wahl. Kommen Sie und genießen Sie.
>
> **해석**
>
> 친애하는 고객님. 여름이 시작되었습니다! 저희들의 3층에 있는 카페 레스토랑은 당신에게 맛있는 샐러드와 치킨 그리고 피자까지 제공합니다. 저희는 거기에 신선한 주스 또한 있습니다. 그것은 당신의 선택입니다. 오셔서 즐기세요.

7 샐러드 이외에, 치킨과 피자를 먹을 수 있다. ~~Richtig~~ *Falsch*

 essen [v.] 먹다 | anfangen [v.] 시작하다 | im dritten Stock 3층에서 (한국식 4층) | anbieten [v.] 제공하다 | lecker [a.] 맛있는 | der Salat [n.] 샐러드 | das Hähnchen [n.] 치킨 | sogar [adv.] 게다가 | die Pizza [n.] 피자 | frisch [a.] 신선한 | der Saft [n.] 주스 | die Wahl [n.] 선택 | genießen [v.] 즐기다 | außer [prp.] (무엇의) 이외에, 밖에

▶ **Aufgabe 8**

📄 **Skript**

Guten Tag. Hier ist der Anrufbeantworter der Praxis Dr. Kunzler. Unsere Praxis ist vom 3. bis zum 5. Dezember wegen einer Renovierung geschlossen. Am 6. Dezember haben wir wieder geöffnet. Auf Wiederhören.

🔍 **해석**

안녕하세요. 여기는 Kunzler 병원의 자동 응답기입니다. 저희 병원은 12월 3일부터 5일까지 수리로 인하여 문을 닫습니다. 12월 6일부터 저희는 다시 엽니다. 안녕히 계세요.

8 그 개인 병원은 수리 후에 다시 엽니다. ~~Richtig~~ *Falsch*

 der Anrufbeantworter [n.] 자동응답기 | die Praxis [n.] 개인 병원 | der Dezember [n.] 12월 | wegen [prp.] ~때문에 | die Renovierung [n.] 수리 | geschlossen [a.] 닫힌 | wieder [adv.] 다시 | nach [prp.] ~후에 | das Wiederhören [n.] 안녕히 계세요 (전화나 라디오 끝날 때 하는 인사) | öffnen [v.] 열다

▶ **Aufgabe 9**

📄 **Skript**

Guten Tag. Hier ist der Anrufbeantworter des Bürgerbüros Oberstadt. Sie rufen außerhalb unserer Sprechzeiten an. Geben Sie bitte Ihren Namen, Ihre Telefonnummer. Wir rufen Sie dann so schnell wie möglich zurück. Vielen Dank und auf Wiederhören.

안녕하세요. 여기는 오버슈타트 지역 사무소의 자동 응답기입니다. 당신은 저희의 면담 시간 외에 전화를 하셨습니다. 당신의 이름과 전화번호를 주세요. 저희가 가능한 한 빠르게 응답 전화를 드리겠습니다. 대단히 감사드리며 안녕히 계세요.

9 자신의 이름과 메일을 남겨야 한다.　　　　Richtig　~~Falsch~~

어휘 der Anrufbeantworter [n.] 자동응답기 | anrufen [v.] 전화하다 | außerhalb [prp.] ~시간 내에 있지 않은 | die Sprechzeit [n.] 면담 시간 | zurückrufen [v.] 응답 전화를 하다 | so schnell wie möglich 가능한 한 빠르게 | hinterlassen [v.] 남기다

▶ **Aufgabe 10**

Markus! Erstens will ich ein Kilo Zucker und ein Kilo Salz, zwei Kilo Mehl. Dann bitte ich dich darum, mir zwei Flaschen Tomatensaft und zwei Liter Milch zu geben. Und ich möchte auch zwei Kilo Rindfleisch, zwei Kilo Hühnerfleisch, drei hundert Gramm Käse und ein Kilo Fisch.

🔍 **해석**

Markus! 먼저 나는 1킬로의 설탕과 1킬로의 소금, 2킬로의 밀가루를 원해. 그 다음 네가 두 병의 토마토 주스, 2킬로의 우유를 나에게 주기를 부탁할게. 그리고 나는 또한 2킬로의 소고기, 2킬로의 닭고기, 300 그램의 치즈와 1킬로의 생선을 원해.

10 그 여자는 몇몇의 과일들이 필요하다.　　　　Richtig　~~Falsch~~

어휘 das Kilo [n.] 킬로 (킬로그램의 약자) | der Zucker [n.] 설탕 | das Salz [n.] 소금 | das Mehl [n.] 밀가루 | die Flasche [n.] 병 | der Tomatensaft [n.] 토마토 주스 | die Milch [n.] 우유 | geben [v.] 주다 | das Rindfleisch [n.] 소고기 | das Hühnerfleisch [n.] 닭고기 | das Gramm [n.] 그램 (무게를 세는 단위) | der Käse [n.] 치즈 | der Fisch [n.] 생선

유형 3 •••

MP3 02_03

무엇이 옳은가요?

ⓐ, ⓑ, ⓒ 중에 ✕ 표시를 하세요.

본문은 두 번 듣게 됩니다.

▶ **Aufgabe 11**

> 📄 **Skript**
>
> Am Wochenende besucht Nick seine Eltern. Er wollte eigentlich mit dem Auto fahren, aber das ist doch zu stressig für ihn. Deswegen will er entweder den Bus oder den Zug nehmen. Mit dem Bus dauert es 4 Stunden, aber mit dem Zug nur 2 Stunden. Er möchte möglichst schnell ankommen.
>
> 🔍 **해석**
>
> 주말에 Nick은 그의 부모님을 방문한다. 그는 원래 자동차를 타고 가려고 했다. 하지만 그것은 그에게 너무 스트레스가 된다. 그래서 그는 버스나 기차를 타려고 한다. 버스를 타면 4시간이 걸리지만 기차로는 단지 2시간이면 된다. 그는 가능한 한 빠르게 도착하길 원한다.

11 그는 무엇을 타고 가기를 원하는가?

ⓐ 자동차를 타고

☒ 기차를 타고

ⓒ 버스를 타고

> **어휘** die Eltern 부모님 (항상 복수) (pl.) | wollten [v.] ~를 원했다 (wollen의 과거) | eigentlich [adv.] 원래 | stressig [a.] 스트레스를 주는 | entweder A oder B A 아니면 B | nehmen [v.] 타다, 잡다 | dauern [v.] ~걸리다 | möglichst [a.] 가능한 한 | schnell 빠른 | womit ~을 타고

▶ **Aufgabe 12**

 Skript

Hier ist die Reparaturwerkstatt „Alles klar". Heute ist Mittwoch, der 3. September. Leider können wir morgen nicht zu Ihnen kommen. Wir können aber übermorgen, am Freitagnachmittag bei Ihnen vorbeikommen. Würde das Ihnen passen? Rufen Sie uns bitte auf jeden Fall an!

해석

"Alles klar" 수리점입니다. 오늘은 9월 3일 수요일입니다. 유감스럽게도 우리는 내일 당신에게 갈 수 없습니다. 하지만 우리는 내일 모레, 금요일 오후에 당신에게 들를 수 있습니다. 당신에게 그것이 알맞은가요? 우리에게 반드시 전화 주세요!

12 사람들은 언제 오고 싶어 하는가?

☐ⓐ 수요일 오후에

☐ⓑ 금요일 오전에

☒ 금요일 오후에

어휘 die Reparaturwerkstatt [n.] 수리점 ｜ leider [adv.] 유감스럽게도 ｜ übermorgen [adv.] 모레 ｜ vorbeikommen [v.] 들르다 ｜ würden [v.] ~될까요? (werden의 접속법2식) ｜ passen [v.] (~에게) 알맞다 ｜ anrufen [v.] 전화하다 ｜ auf jeden Fall 반드시 ｜ wollen [m.v] ~을 하고 싶다

▶ **Aufgabe 13**

 Skript

Hallo Markus, wie geht's? Wir waren doch mit unseren Kindern im Juni im Urlaub. Endlich sind wir fertig mit dem Umzug und wollen im Garten feiern. Wenn das Wetter schlecht ist, feiern wir natürlich im Haus. Hast du Zeit?

해석

안녕 Markus, 잘 지내니? 우리는 6월에 우리 아이들과 함께 휴가를 보냈잖아. 드디어 이사가 끝났고 우리는 정원에서 파티 하기를 원해. 날씨가 좋지 않다면, 당연히 집에서 파티를 해야지. 너는 시간이 있니?

13 여자는 무엇을 하기를 원하는가?

☒ 정원에서의 파티

b 휴가

c 이사

> **어휘** waren [v.] ~이었다 (sein의 과거) ｜ das Kind [n.] 아이 ｜ im Urlaub 휴가에서 ｜ endlich [adv.] 드디어 ｜ fertig [a.] 마친 ｜ der Umzug [n.] 이사 ｜ feiern [v.] 파티를 하다 ｜ das Wetter [n.] 날씨 ｜ schlecht [a.] 좋지 않은 ｜ natürlich [a.] 당연히 ｜ der Garten [n.] 정원 ｜ der Urlaub [n.] 휴가 ｜ das Umziehen [n.] 이사

▶**Aufgabe 14**

📄 Skript

Hallo Sarah. Hier ist Frank. Ich war diese Woche nicht in der Schule. Ich musste die ganze Woche im Bett liegen. Ich hatte eine starke Erkältung. Und der rechte Fuß tut mir weh. Aber jetzt geht es mir viel besser.

🔍 해석

안녕 Sarah. Frank야. 나는 이번 주에 학교에 없었어. 나는 일주일 내내 침대에 누워 있어야만 했어. 나는 심한 감기에 걸렸었어. 그리고 오른쪽 발이 아파. 하지만 지금은 훨씬 많이 좋아졌어.

14 그는 어디가 아픈가?

☒ 발

b 팔

c 몸

> **어휘** mussten [m.v] ~해야만 했다 (müssen의 과거) ｜ ganz [a.] 전체의 ｜ die Woche [n.] 주 ｜ im Bett 침대에 ｜ liegen [v.] 누워 있다 ｜ hatten [v.] 가졌다 (haben의 과거) ｜ stark [a.] 심한, 강한 ｜ die Erkältung [n.] 감기 ｜ wehtun [v.] 아프다 ｜ viel [adv.] 많이 ｜ besser [a.] 더 좋은

▶ **Aufgabe 15**

 Skript

Hallo Paul. Hier ist Melanie. Wir wollten uns doch heute Abend um 8 im Café „Blume"
treffen. Das Café „Blume" hat aber heute geschlossen. Sehen wir uns zuerst bei mir zu
Hause. Dann gehen wir zusammen woanders hin. Ruf doch noch mal zurück. Tschüss.

🔍 **해석**

안녕 Paul. Melanie야. 우리는 오늘 저녁 8시에 "Blume" 카페에서 만나려고 했잖아. 하지만 "Blume" 카
페는 오늘 문을 닫았어. 우리 먼저 나의 집에서 보자. 그런 다음 우리 함께 다른 곳으로 이동하자. 다시 연
락해. 안녕.

15 Melanie와 Paul은 어디서 만나는가?

[a] Blume 카페에서

[X] Melanie 집에서

[c] Paul 집에서

> **어휘** wollten [m.v] ∼하고 싶었다 (wollen의 과거) ┆ sich treffen [v.] 만나다 ┆ haben...geschlossen
> [v.] 닫았다 (schließen의 현재완료) ┆ sehen [v.] 보다 ┆ zuerst [adv.] 먼저 ┆ woanders [adv.] 어딘가
> 다른 곳에서 ┆ zurückrufen [v.] 다시 연락하다

유형 1 • • •

2개의 본문과 1~5번까지의 문제를 읽으세요.
맞으면 Richtig 에 틀리면 Falsch 에 ✕ 표시를 하세요.

---

von: bettina33@dongyangbooks.com
an: kkan_a@dongyangbooks.com

Liebster Kilian,

ich schreibe dir einen Brief, weil mein Computer wieder bei der Reparatur ist. Er macht mich langsam ärgerlich. Ich glaube, dass ich einen neuen Computer brauche. Es ist so oft kaputt. Es geht nicht mehr so weiter! Kannst du mir helfen? Du weißt ja, ich kenne mich nicht gut aus mit solchen Dingen. Kannst du zu mir kommen und mit mir in den Techno Markt in Yongsan gehen und mir ein paar Tipps geben? Vielleicht am Wochenende? Außerdem würde ich gern auf dem neuen Computer auch mehr Programme für Fotos haben. Bitte, antworte mir schnell!

Viele Grüße
von Bettina

어휘 schreiben [v.] 쓰다 ｜ der Brief [n.] 편지 ｜ weil 왜냐하면 ｜ die Reparatur [n.] 수리 ｜ langsam [adv.]
서서히 ｜ ärgerlich [a.] 화나게 하는 ｜ brauchen [v.] 필요하다 ｜ oft [adv.] 자주 ｜ kaputt [a.] 고장 난 ｜
weiter [adv.] 더 이상 ｜ helfen [v.] 돕다 ｜ wissen [v.] 알다 ｜ sich auskennen [v.] ~에 대하여 잘 알다 ｜
solch 이런 ｜ die Dinge [n.] 지칭하기 어려운 사물 (pl.) ｜ ein paar Tipps 몇 가지 팁 ｜ geben [v.] 주다 ｜
vielleicht [adv.] 혹시 ｜ antworten [v.] 대답하다 ｜ schnell [a.] 빠르게, 신속하게

🔍 해석

가장 사랑하는 Kilian,
나는 너에게 편지를 써, 왜냐하면 나의 컴퓨터가 다시 수리에 들어갔거든. 그것은 서서히 나를 화나게 해.
내 생각에, 나는 새로운 컴퓨터가 필요해. 그것은 너무 자주 고장이 나. 더 이상 이렇게는 안 될 것 같아! 네
가 나를 도와줄 수 있니? 나는 이런 것에 대하여 잘 알지 못하는 것을 네가 알잖아. 네가 나에게 와서 함께
용산에 있는 테크노마트에 가서 나에게 몇 가지 팁을 줄 수 있니? 혹시 주말은 어때? 그밖에도 또한 나는
새로운 컴퓨터에 사진을 위한 많은 프로그램을 원해. 부디, 나에게 빠르게 답장해 줘!

많은 안부를 담아
Bettina

0	Bettina는 그녀의 컴퓨터를 고칠 수 있다.	Richtig	~~Falsch~~
1	Bettina의 컴퓨터는 수리 중이다.	~~Richtig~~	Falsch
2	Bettina는 사진에 관심이 있다.	~~Richtig~~	Falsch

> **어휘** werden...repariert [v.] 수리되다 (reparieren의 수동태) ㅣ die Hilfe [n.] 도움 ㅣ um...zu ～하기 위해서

---

von: julijuli@dongyangbooks.com
an: asdf13@dongyangbooks.com

Liebe Alessia,
ich habe es sehr eilig, deshalb antworte ich nur ganz kurz auf deine Email. Natürlich möchte ich dich am Freitag in Frankfurt sehen! Wann ich genau ankomme, weiß ich noch nicht. Machen wir es doch so: Treffpunkt ist der Keiserplatz, am Eingang zum Kaufhaus, um 13 Uhr. Geht es? Du hast doch meine Handynummer. Wenn es eine Änderung gibt, ruf mich an.

Liebe Grüße
Julia

> **어휘** eillig [a.] 서둘러야 할 ㅣ natürlich [a.] 당연히 ㅣ genau 정확히 ㅣ ankommen [v.] 도착하다 ㅣ der Treffpunkt [n.] 만나는 장소 ㅣ am Eingang 입구에서 ㅣ zum Kaufhaus 백화점으로 ㅣ die Änderung [n.] 변동 ㅣ anrufen [v.] 전화하다

🔍 **해석**

친애하는 Alessia.
나는 매우 급히 서둘러야 해. 그래서 너의 메일에 짧게만 대답할게. 당연히 나는 금요일에 프랑크푸르트에서 너를 보기를 원해! 내가 언제 정확히 도착할지는 나도 아직 잘 모르겠어. 우리 이렇게 하자: 만나는 장소는 카이저 광장, 백화점 입구에서 13시. 가능하니? 너는 나의 핸드폰 번호도 있지. 변동이 생기면, 나에게 전화해.

사랑의 안부를 담아
Julia

3   Julia는 서두르고 있다.   ~~Richtig~~   *Falsch*

4   Julia는 그녀가 Alessia와 어디에서 만날지 알지 못한다.   Richtig   ~~Falsch~~

5   Alessia가 도착하면, 그녀는 Julia에게 전화한다.   Richtig   ~~Falsch~~

어휘   die Eile [n.] 서두름 ┃ wissen [v.] 알다 ┃ treffen [v.] 만나다

유형 2 ● ● ○

본문과 6∼10번까지의 문제를 읽으세요.

정보는 어디에서 찾을 수 있나요? ⓐ 또는 ⓑ에서 정답을 찾아 ✕ 표시를 하세요.

Beispiel

0   당신은 알고 싶어 한다: 독일에 비가 오는가?

www.openair.de	www.dwd.de
천장이 열리는 콘서트 5월 30일에 비가 오면 시내 홀에서 열립니다.	독일 날씨 서비스 날씨와 기후 현재 날씨 경고 환경 정보 기후 데이터

vom Goethe-Institut

◆ **정답** b

◆ **어휘** **das Konzert** [n.] 콘서트 ǀ **der Regen** [n.] 비 ǀ **stattfinden** [v.] 열리다, 개최하다 ǀ **das Wetter** [n.] 날씨 ǀ **der Wetterdienst** [n.] 날씨 서비스 ǀ **das Klima** [n.] 기후 ǀ **die Warnung** [n.] 경고 ǀ **die Umweltinfo** [n.] 환경 정보 ǀ **Klimadaten** [n.] 기후 데이터 (pl.)

6   당신은 새것이자 저렴한 자전거를 구매하기를 원한다.

www.rad-kaufen.de	www.fahrradtasche.de
당신의 Fahrrad & Co 회사의 특별한 제안 모든 가격대의 자전거 새로운 그리고 중고의 물건 또한 스포츠 바이크 우리는 당신의 오래된 자전거도 구매합니다.	저렴한 스쿠터를 팝니다 200유로, 그밖에 자전거 가방, 한 개당 30유로. 수리는 전문적이며 저렴합니다

◆ **정답** a

어휘 möchten [m.v] ~을 원하다 | neu [a.] 새로운 | billig [a.] 저렴한 | das Fahrrad [n.] 자전거 | kaufen [v.] 구매하다 | in allen Preisklassen 모든 가격대의 | gebraucht [a.] 중고의 | das Sportrad [n.] 스포츠 자전거 | alt [a.] 오래 된 | der Verkauf [n.] 판매 | billig [a.] 저렴한 | der Motorroller [a.] 스쿠터 | außerdem [adv.] 그밖에도 | die Fahrradtasche [n.] 자전거 가방 | das Stück [n.] 한 개 (독립되어 있는 개수를 나타냄) | die Reparatur [n.] 수리, 복구 | professionell [a.] 전문적인 | günstig [a.] 저렴한

7 당신은 보쿰에 있고 오늘 저녁 영화를 보고 싶다.

www.city-klick.de

여기를 클릭 하세요:
레스토랑 – 극장 – 스포츠센터 – 영화관 –
전시회 – 낭독회

www.stadt-geniessen.de

독일에 있는 도시를 클릭하세요.
다음에 호텔 – 명소 – 소식을 클릭하세요.

정답 a

어휘 der Film [n.] 영화 | sehen [v.] 보다 | klicken [v.] 클릭하다 | das Theater [n.] 극장 | das Fitness [n.] 헬스클럽 | das Kino [n.] 영화관 | die Ausstellung [n.] 전시 | die Vorlesung [n.] 낭송, 낭독 | die Sehenswürdigkeit [n.] 명소 | die Nachricht [n.] 소식

8 당신의 컴퓨터는 고장 났다. 당신은 신속하게 도움을 받을 곳을 찾고 있다. 오늘은 토요일이다.

www.geraete-all.de

우리는 당신의 오래된 기계를 삽니다:

냉장고부터 컴퓨터까지
또한 인쇄기, 노트북, 태블릿, 소프트웨어
기타 등등.

월요일 – 토요일 19시까지 운영합니다.

www.schnellfertig.de

당신의 컴퓨터에 문제가 있나요?

우리는 컴퓨터와 관련된 모든 것이 있습니다.
우리는 당신의 컴퓨터를 빠르고 확실하게
수리합니다.

24 – 시간 – 서비스

정답 b

어휘 kaputt [a.] 고장 난 | suchen [v.] 찾다 | schnell [a.] 빠르게 | die Hilfe [n.] 도움 | das Altgerät [n.] 오래된 기계 | der Kühlschrank [n.] 냉장고 | der Drucker [n.] 인쇄기 | das Notebook [n.] 노트북 | das Tablet [n.] 태블릿 | die Software [n.] 소프트웨어 | geöffnet [a.] 열려 있는 | reparieren [v.] 수리하다 | schnell [a.] 빠르게 | zuverlässig [adv.] 확실하게

9 당신은 독일의 펜팔 친구를 찾고 있다. 당신은 그녀가 남부 독일에 살기를 바란다.

www.briefundfreund.de 펜팔 친구(여)를 구합니다! 베를린에서 안부를 전해요! 제 이름은 Melek입니다. 20살이고, 한국에 사는 펜팔 친구를 찾고 있어요. 저는 이미 한국어를 조금 할 수 있습니다. angel22@dongyangbooks.com	www.freund-muenchen.de 안녕하세요, Mia입니다. 저는 독일어나 영어로 쓸 수 있는 펜팔 친구를 찾고 있어요. 저는 19살이고 뮌헨에 살고 있어요. mialand@dongyangbooks.com

정답 b

어휘 die Brieffreundin [n.] 펜팔 친구(여) ┆ hoffen [v.] 바라다 ┆ in Süddeutschland 남부 독일에서 ┆ wohnen [v.] 살다 ┆ gesucht [a.] 구하는 ┆ suchen [v.] 찾다 ┆ können [m.v] ~할 수 있다 ┆ Brieffreunde [n.] 펜팔 친구(남) ┆ schreiben [v.] 쓰다

10 당신은 프랑크푸르트에 있고 기차를 타고 환승 없이 쾰른에 도착하기를 원한다. 어떤 기차를 타야 하는가?

www.deutshe-bahn.de 출발 프랑크푸르트 ICE 7233 13:55 도착 쾰른 16:15	www.mitdbbahn.de 출발 프랑크푸르트 ICE 5343 18:22 환승역 만하임 RE 1833 19:00 도착 쾰른 20:28

정답 a

어휘 mit dem Zug 기차를 타고 ┆ ohne [prp.] ~없이 ┆ das Umsteigen [n.] 환승 ┆ in Köln 쾰른에서 ┆ ankommen [v.] 도착하다 ┆ welch [prn.] 어느 ┆ nehmen [v.] 타다 ┆ die Abfahrt [n.] 출발 ┆ der Umsteigebahnhof [n.] 환승역

유형 3 •••

본문과 11~15번까지의 문제를 읽으세요.
맞으면 [Richtig]에 틀리면 *Falsch*에 ✕ 표시를 하세요.

Beispiel

어학원

어학원이 이전했습니다.
당신은 이제 베토벤 거리 23에서
우리를 만날 수 있습니다.

독일어를 배우려면 베토벤 거리 23번지로 가야 한다.   *Falsch*

> **어휘**   das Sprachzentrum [n.] 어학원, 어학 센터 ┊ sein...umgezogen [v.] 이사 갔다 (umziehen의 현재완료) ┊ finden [v.] 발견하다

---

11 비디오 대여점에서

Marios

신규 오픈 5월 1일

당신은 한 주 안에
아돌프 클라렌바흐 거리 7번지에서
DVD를 대여할 수 있고 구매할 수 있다.

당신은 아돌프 클라렌바흐 거리 7번지에서 지금부터 DVD를 구매할 수 있다.

[Richtig]

> **어휘**   die Videothek [n.] 비디오 대여점 ┊ die Neueröffnung [n.] 신규 오픈 ┊ kaufen [v.] 구매하다 ┊ besorgen [v.] 구매하다 ┊ ausleihen [v.] 대여하다, 빌리다

12 호텔에서

> 아침 식사는 매일 7시부터
> 10시에 있습니다.
> 일요일은 8시부터 10시
> 조식 홀은 2층(한국식 3층)에 있습니다.

매일 8시 반에 아침 식사를 할 수 있다.　　　　~~Richtig~~　　*Falsch*

어휘 frühstücken [v.] 아침 식사를 하다 | täglich [a.] 매일의 | im Frühstückssaal 조식 홀에서 | im zweiten Stock 2층(한국식 3층)에서 | um halb neun 8시 반

13 정류장에서

> 섣달 그믐날 저녁에 버스 운행은
> 22시까지 합니다.
> 또한 1시 부터 6시에는 한 시간마다 운행합니다.

1시부터 6시까지 버스는 단지 한 시간만 운행한다.　　　　Richtig　　~~Falsch~~

어휘 der Silvesterabend [n.] 섣달 그믐날 밤, 한 해의 마지막 밤 | der Busverkehr [n.] 버스 운행 | alle eine Stunde 한 시간 마다 | der Bus [n.] 버스 | die Stunde [n.] 시간

14 신문에서

Polonia 1997부터

지금 맛보세요!

수상 경력이 있는 우리의 점심 메뉴를 디저트를
포함해서 7유로의 특가로 맛보세요.

최고의 현지 재료로 요리하고 친절한 배달원이
따뜻하게 집으로 가져다 드립니다.

음식은 배달된다.　　　　　　　　　　　　 | *Falsch* |

> **어휘**　preisgekrönt [a.] 수상한, 상을 받은 | das Mittagsgericht [n.] 점심 메뉴 | der Sonderpreis [n.]
> 특가 | inkl. ~을 포함하여 (inklusive의 약자) | regional [a.] 현지의, 지역의 | die Zutate [n.] 재료,
> 성분 | der Kurier [n.] 가지고 오는 사람 | gebracht [p.a] 가지고 오는 | werden...geliefert [v.]
> 배달되다 (liefern의 수동태) | probieren [v.] 맛보다

---

15 개인 병원에서

Bauer 박사
이비인후과 전문의

면담시간
월-화 9시-12시, 수-금 10시-12시,
토 14시-18시, 일 휴무

평일 오전에는 개인 병원이 항상 문을 연다.　　　　 | *Falsch* |

> **어휘**　immer [adv.] 항상 | geöffnet [a.] 문을 연 | speziell [adv.] 특별히 | der Hals [n.] 목 | die Nase
> [n.] 코 | die Krankheit [n.] 질병 | die Sprechstunde [n.] 면담 시간 | am Vormittag 오전에 |
> die Praxis [n.] 개인 병원

유형 1 ••

페루에서 온 당신의 친구 Paolo Pellizzari는 런던에 있는 The Gateway 호텔에서 자신과 그의 아내를 위한 방을 7월 13일부터 19일까지 예약하려고 합니다. 그는 뒤셀도르프에 살고 있습니다. 그의 아내와 그는 호텔에서 조식을 원하지 않습니다. 그는 텔레비전이 있는 방을 갖기를 원하며 두 개의 자전거를 빌리기를 원합니다.

양식에는 5개의 정보가 빠져 있습니다.
당신의 친구를 도와주시고 5개의 빈칸에 채워서 서식을 완성하세요.
마지막에는 당신의 답을 해답지에 적으세요.

> **어휘** das Zimmer [n.] 방. 객실 | reservieren [v.] 예약하다 | das Frühstück [n.] 조식 | der Fernseher [n.] 텔레비전 | das Fahrrad [n.] 자전거 | mieten [v.] 빌리다 | das Formular [n.] 양식. 서식 | fehlend [a.] 부족한 | die Information [n.] 정보 | helfen [v.] 돕다 | schreiben [v.] 적다 | die Lösung [n.] 답 | der Antwortbogen [n.] 해답지

Hotel
The Gateway

Reservierung

Nachname :	Pellizzari	(0)
Vorname :	Paolo	
Straße, Hausnummer :	Klosterstraße 78	
PLZ, Wohnort :	40223 Düsseldorf	(1)
Abreise :	13. Juli	(2)
☒ Einzelzimmer	☐ Doppelzimmer	(3)
☐ Frühstück	☒ kein Frühstück	(4)
Besondere Wünsche :	einen Fernseher im Zimmer haben	
	und zwei Fahrräder mieten	(5)
Unterschrift :	*Paolo Pellizzari*	

🔍 **해석**

호텔
The Gateway

예약

성 :	Pellizzari	(0)
이름 :	Paolo	
거리, 번지 :	Klosterstraße 78	
우편번호, 거주지 :	40223　　　Düsseldorf	(1)
출발 :	7월 13일	(2)
	☒ 1인실　　　☐ 더블룸	(3)
	☐ 조식　　　☒ 조식 없음	(4)
특별 요청/요구 :	방에 텔레비전이 있기를 원함	
	두 개의 자전거 빌리고 싶음	(5)
서명 :	*Paolo Pellizzari*	

어휘 die Reservierung [n.] 예약 ┊ die Abreise [n.] 출발 ┊ das Einzelzimmer [n.] 1인실 ┊ das Doppelzimmer [n.] 더블룸 ┊ die Unterschrift [n.] 서명, 사인

유형 2 ••

당신은 당신의 친구인 Alex와 Sara와 함께 토요일에 기차를 타고 소풍을 하려고 합니다.
메일을 적으세요.

— 당신은 어디로 가는가?
— 무엇을 가지고 가야 하는가?
— 당신은 어디에서 만나기를 원하는가?

각 제시문에 대하여 1 – 2개의 문장을
답안지에 적으세요. (약 30개의 단어)
호칭과 안부도 적으세요.

어휘 der Ausflug [n.] 소풍 ┃ schreiben [v.] 적다 ┃ mitbringen [v.] 가지고 오다 ┃ sich treffen [v.] 만나다

💬 **예시 답안 1**

Liebe Freunde,
ich möchte mit euch am Samstag nach Busan fahren. Bring bitte eure Kamera mit.
Treffen wir uns im Hauptbahnhof auf Gleis 3. Ich freue mich schon auf die Reise!
Hoffentlich ist das Wetter schön.

Liebe Grüße
Eva

🔍 **해석**

친애하는 친구들에게.
나는 너희와 함께 토요일에 부산으로 가고 싶어. 너희의 카메라를 가지고 와. 우리 중앙역 3번 게이트에서
만나자. 나는 벌써 여행이 기대돼! 바라건대 날씨가 좋기를 바라.

사랑의 안부를 담아
Eva

어휘   die Kamera [n.] 카메라 | mitbringen [v.] 가져오다 | sich treffen [v.] 만나다 | der Hauptbahnhof
[n.] 중앙역 | das Gleis [n.] 게이트, 레일 | sich freuen auf [v.] ~이 기대되다 | die Reise [n.] 여행 |
hoffentlich [adv.] 바라건대

예시 답안 2

Lieber Alex und liebe Sara,
wie geht es euch? Wollen wir am Samstag einen Ausflug nach Inchon machen? Jeder sollte 50 Euro und Wasser mitbringen. Und wir treffen uns im Marktplatz.

Mit freundlichen Grüßen
Eva

해석

친애하는 Alex와 친애하는 Sara,
너희들 잘 지내니? 우리는 토요일에 인천으로 여행을 할까? 각자 50유로와 물을 가지고 오자. 그리고 우리는 마르크트 광장에서 만나자.

친절한 안부를 담아
Eva

어휘 wollen [m.v] ~을 하고 싶다 ｜ der Ausflug [n.] 소풍 ｜ sollten [m.v] ~하는 것이 좋다 ｜ das Wasser [n.] 물 ｜ mitbringen [v.] 가져오다 ｜ sich treffen [v.] 만나다

유형 1 ● ● ●

MP3 02_04

자신을 소개합니다.

이름?

나이?

나라?

사는 곳?

언어?

직업?

취미?

💬 예시 답안

Hallo zusammen! Ich heiße Sayo. Ich bin 40 Jahre alt und komme aus Japan. Ich wohne in Tokyo. Ich spreche Japanisch und lerne seit 6 Monaten Deutsch. Ich bin Ärztin, genauer gesagt eine Kinderärztin. Ich mag es im Park zu joggen, wenn das Wetter schön ist.

🔍 해석

안녕 모두들! 내 이름은 Sayo야. 나는 40살이고 일본에서 왔어. 나는 도쿄에 살고 있어. 나는 일본어를 하고 6개월 전부터 독일어를 배우고 있어. 나는 의사이고, 더 정확히 말하면 소아과 의사야. 나는 날씨가 좋을 때 공원에서 조깅하는 것을 좋아해.

어휘 sprechen [v.] 말하다 ┆ lernen [v.] 배우다 ┆ genauer gesagt 더 정확하게 말하면 ┆ mögen [m.v] ~을 좋아하다

유형 2 •••

MP3 02_05

상대방의 정보에 대해 질문하고 정보 주기.

하나의 주제를 가지고 질문을 하고, 질문에 대한 대답을 해야 합니다. 당신은 파트너와 함께 대화를 합니다.

답안 A

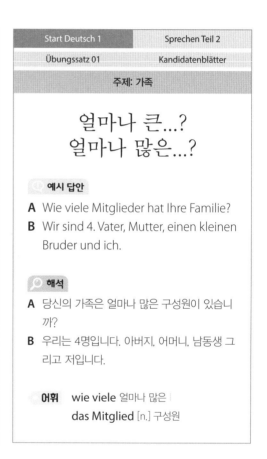

Start Deutsch 1	Sprechen Teil 2
Übungssatz 01	Kandidatenblätter

주제: 가족

부모님

🗨 **예시 답안**

A Wie alt sind Ihre Eltern?

B Mein Vater ist 54 und meine Mutter ist 50.

🔍 **해석**

A 당신의 부모님은 연세가 어떻게 됩니까?

B 저의 아버지는 54세이고 저의 어머니는 50세 입니다.

> **어휘** wie alt~ 나이가 어떻게 되는지
> die Eltern [n.] 부모 (pl.)

Start Deutsch 1	Sprechen Teil 2
Übungssatz 01	Kandidatenblätter

주제: 가족

얼마나 큰...?
얼마나 많은...?

🗨 **예시 답안**

A Wie viele Mitglieder hat Ihre Familie?

B Wir sind 4. Vater, Mutter, einen kleinen Bruder und ich.

🔍 **해석**

A 당신의 가족은 얼마나 많은 구성원이 있습니 까?

B 우리는 4명입니다. 아버지, 어머니, 남동생 그 리고 저입니다.

> **어휘** wie viele 얼마나 많은
> das Mitglied [n.] 구성원

Start Deutsch 1	Sprechen Teil 2
Übungssatz 01	Kandidatenblätter
주제: 가족	

아이들

💬 예시 답안

A Haben Sie Kinder?
B Nein, ich habe keine Kinder.

🔍 해석

A 당신은 아이들이 있습니까?
B 아니요, 저는 아이들이 없습니다.

> **어휘** kein ~이 아닌
> das Kind [n.] 아이

Start Deutsch 1	Sprechen Teil 2
Übungssatz 01	Kandidatenblätter
주제: 가족	

휴가

💬 예시 답안

A Fahren Sie oft mit Ihrer Familie in den Urlaub?
B Jedes Jahr fahren wir einmal zusammen ins Ausland.

🔍 해석

A 당신은 당신의 가족과 함께 자주 휴가를 갑니까?
B 저희는 매년 한 번 함께 외국으로 갑니다.

> **어휘** der Urlaub [n.] 휴가
> zusammen [adv.] 함께
> das Ausland [n.] 외국

Start Deutsch 1	Sprechen Teil 2
Übungssatz 01	Kandidatenblätter

주제: 가족

살다

예시 답안

A Wo wohnen Ihre Eltern?
B Meine Eltern wohnen in Busan.

해석

A 당신의 부모님은 어디에 사십니까?
B 저의 부모님은 부산에 삽니다.

어휘 wohnen [v.] ~에 살다

Start Deutsch 1	Sprechen Teil 2
Übungssatz 01	Kandidatenblätter

주제: 가족

형제 자매

예시 답안

A Haben Sie Geschwister?
B Nein, ich bin ein Einzelkind.

해석

A 당신은 형제자매가 있습니까?
B 아니요, 저는 외동입니다.

어휘 das Geschwister [n.] 형제, 자매
das Einzelkind [n.] 외동

답안 B

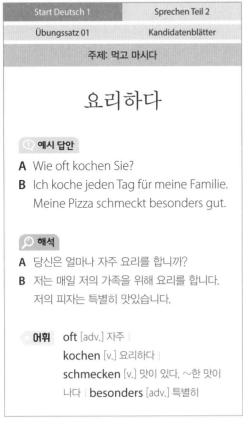

Start Deutsch 1	Sprechen Teil 2
Übungssatz 01	Kandidatenblätter

주제: 먹고 마시다

요리하다

🗨 **예시 답안**

A Wie oft kochen Sie?
B Ich koche jeden Tag für meine Familie. Meine Pizza schmeckt besonders gut.

🔍 **해석**

A 당신은 얼마나 자주 요리를 합니까?
B 저는 매일 저의 가족을 위해 요리를 합니다. 저의 피자는 특별히 맛있습니다.

어휘 oft [adv.] 자주 ┊ kochen [v.] 요리하다 ┊ schmecken [v.] 맛이 있다, ～한 맛이 나다 ┊ besonders [adv.] 특별히

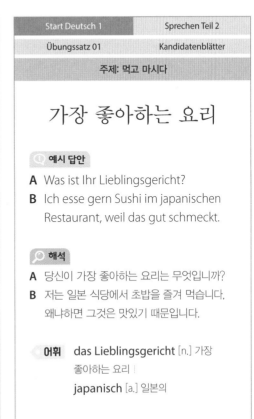

Start Deutsch 1	Sprechen Teil 2
Übungssatz 01	Kandidatenblätter

주제: 먹고 마시다

가장 좋아하는 요리

🗨 **예시 답안**

A Was ist Ihr Lieblingsgericht?
B Ich esse gern Sushi im japanischen Restaurant, weil das gut schmeckt.

🔍 **해석**

A 당신이 가장 좋아하는 요리는 무엇입니까?
B 저는 일본 식당에서 초밥을 즐겨 먹습니다. 왜냐하면 그것은 맛있기 때문입니다.

어휘 das Lieblingsgericht [n.] 가장 좋아하는 요리 ┊ japanisch [a.] 일본의

Start Deutsch 1	Sprechen Teil 2
Übungssatz 01	Kandidatenblätter

주제: 먹고 마시다

아침 식사

예시 답안

A Frühstücken Sie regelmäßig?

B Nein, weil ich früh zur Arbeit gehe. Aber wenn ich Hunger habe, frühstücke ich.

해석

A 당신은 아침 식사를 규칙적으로 합니까?

B 아니요, 왜냐하면 저는 일찍 일하러 가기 때문입니다. 하지만 제가 배고플 때는, 아침을 먹습니다.

어휘
frühstücken [v.] 아침 식사 하다
regelmäßig [adv.] 규칙적인
weil [cj.] 왜냐하면
zur Arbeit 일하러
gehen [v.] 가다
wenn [cj.] ~하면
der Hunger [n.] 배고픔

Start Deutsch 1	Sprechen Teil 2
Übungssatz 01	Kandidatenblätter

주제: 먹고 마시다

빵

예시 답안

A Essen Sie gern Reis oder lieber Brot?

B Ich esse lieber Brot.

해석

A 당신은 밥을 즐겨 먹습니까 아니면 빵을 더 즐겨 먹습니까?

B 저는 빵을 더 즐겨 먹습니다.

어휘
essen [v.] 먹다
der Reis [n.] 밥
lieber [a.] 더 즐겨 (gern의 비교급)
das Brot [n.] 빵

Start Deutsch 1	Sprechen Teil 2
Übungssatz 01	Kandidatenblätter

주제: 먹고 마시다

일요일

🔈 **예시 답안**

A Essen Sie am Sonntag zu Hause oder draußen?

B Letzte Woche habe ich zu Hause gegessen. In dieser Woche will ich in ein Restaurant gehen.

💬 **해석**

A 당신은 일요일에 집에서 식사합니까 아니면 외식을 합니까?

B 저는 지난주에는 집에서 식사했습니다. 저는 이번 주에 레스토랑에 갈 것입니다.

어휘 letzt [a.] 지난 ┊
die Woche [n.] 주 ┊
haben...gegessen [v.] 먹었다
(essen의 현재완료) ┊
In dieser Woche 이번 주에 ┊
wollen [m.v] ~하고 싶다

Start Deutsch 1	Sprechen Teil 2
Übungssatz 01	Kandidatenblätter

주제: 먹고 마시다

레스토랑

🔈 **예시 답안**

A Wo ist Ihr Lieblingsrestaurant?

B Es heißt „Tacobell". Dort kann man billig Taco essen.

💬 **해석**

A 당신이 가장 좋아하는 레스토랑은 어디입니까?

B "타코벨"입니다. 그곳에서 저렴하게 타코를 먹을 수 있습니다.

어휘 das Lieblingsrestaurant [n.] 가장 좋아하는 식당 ┊
es heißt ~라고 불리다 ┊
dort [adv.] 그곳에서 ┊
billig [a.] 저렴한 ┊
der Taco [n.] 타코 (멕시코에서 온 음식의 종류)

유형 3 ●●●

MP3 02_06

그림에 대하여 표현하고 거기에 대해 반응해 보세요.

그림 카드를 보고 답하는 문제입니다. 한 그룹 안에서 돌아가면서 부탁을 하고, 그 부탁에 대해 대답을 하세요.

답안 A

Goethe-Zertifikat A1	Sprechen Teil3
Modellsatz	Kandidatenblätter

예시 답안

A Hier darf man nicht laut telefonieren!
B Ja, ich höre auf.

해석

A 이곳에서 큰 소리로 통화를 해서는 안 됩니다!
B 네, 그만 할게요.

어휘 dürfen nicht 금지이다 | telefonieren [v.] 통화하다 | aufhören [v.] 그만 두다

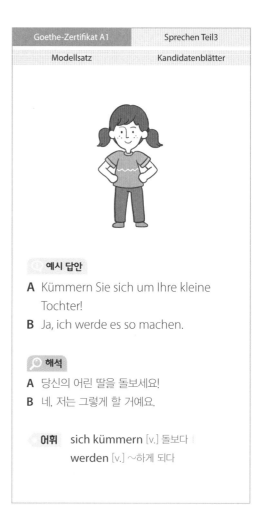

Goethe-Zertifikat A1	Sprechen Teil3
Modellsatz	Kandidatenblätter

예시 답안

A Kümmern Sie sich um Ihre kleine Tochter!
B Ja, ich werde es so machen.

해석

A 당신의 어린 딸을 돌보세요!
B 네, 저는 그렇게 할 거예요.

어휘 sich kümmern [v.] 돌보다 | werden [v.] ~하게 되다

Goethe-Zertifikat A1	Sprechen Teil3
Modellsatz	Kandidatenblätter

예시 답안

A Ziehen Sie hier Ihre Schuhe aus!
B Ja, ich ziehe sie aus.

해석

A 이곳에서 당신의 신발을 벗으세요!
B 네, 제가 그것을 벗을게요.

어휘 tragen [v.] ~을 입다, 신다
　　　ausziehen [v.] 벗다

Goethe-Zertifikat A1	Sprechen Teil3
Modellsatz	Kandidatenblätter

예시 답안

A Putzen Sie den Stuhl!
B Ja, aber ich habe den vor einer Stunde schon geputzt.

해석

A 그 의자를 닦으세요!
B 네, 하지만 저는 그것을 이미 한 시간 전에 닦았습니다.

어휘 putzen [v.] 닦다
　　　der Stuhl [n.] 의자
　　　haben...geputzt [v.] 닦았다
　　　(putzen의 현재완료)

Goethe-Zertifikat A1	Sprechen Teil3
Modellsatz	Kandidatenblätter

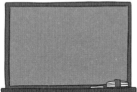

💬 **예시 답안**

A Schreiben Sie an die Tafel!
B Ja, werde ich machen.

🔍 **해석**

A 칠판에 적으세요!
B 네, 제가 할게요.

💬 **어휘**   schreiben [v.] 적다
            an die Tafel 칠판에

Goethe-Zertifikat A1	Sprechen Teil3
Modellsatz	Kandidatenblätter

💬 **예시 답안**

A Man darf keine Haustiere mitbringen.
B Ja, dann komme ich nächstes Mal
   wieder.

🔍 **해석**

A 애완동물은 데리고 오실 수 없습니다.
B 네, 그럼 다음번에 다시 올게요.

💬 **어휘**   dürfen [m.v] ~이 허락되어 있다
            das Haustier [n.] 가축
            mitbringen [v.] 데리고 오다
            wieder [adv.] 다시

답안 B

Goethe-Zertifikat A1 | Sprechen Teil3
Modellsatz | Kandidatenblätter

🔍 예시 답안

A Machen Sie bitte das Licht aus!
B Ja, das mache ich.

🔍 해석

A 불을 좀 꺼 주세요!
B 네, 제가 할게요.

어휘 ausmachen [v.] 끄다
das Licht [n.] 불

Goethe-Zertifikat A1 | Sprechen Teil3
Modellsatz | Kandidatenblätter

🔍 예시 답안

A Öffnen Sie bitte die Weinflasche!
B Aber die ist schon offen.

🔍 해석

A 와인 병을 열어 주세요!
B 하지만 그것은 이미 열려 있어요.

어휘 öffnen [v.] 열다
die Weinflasche [n.] 와인 병
schon [adv.] 이미
offen [a.] 열려 있는

Goethe-Zertifikat A1	Sprechen Teil3
Modellsatz	Kandidatenblätter

🔊 **예시 답안**

A Lesen Sie bitte das Englischbuch vor!
B Ja, ich lese vor.

🔍 **해석**

A 영어책을 읽어 주세요!
B 네, 제가 읽어 드릴게요.

어휘　vorlesen [v.] 읽다. 낭독하다

Goethe-Zertifikat A1	Sprechen Teil3
Modellsatz	Kandidatenblätter

🔊 **예시 답안**

A Geben Sie mir ein Stück Kuchen!
B Ja, hier bitte.

🔍 **해석**

A 저에게 케이크 한 조각을 주세요!
B 네, 여기 있어요.

어휘　geben [v.] 주다
　　　　das Stück [n.] 조각
　　　　der Kuchen [n.] 케이크

Goethe-Zertifikat A1	Sprechen Teil3
Modellsatz	Kandidatenblätter

🔍 예시 답안

A Vergessen Sie nicht den Koffer!
B Ja, machen Sie sich keine Sorgen.

🔍 해석

A 여행용 가방을 잊지 마세요!
B 네, 걱정하지 마세요.

어휘 vergessen [v.] 잊다
　　　　der Koffer [n.] 여행용 가방
　　　　die Sorge [n.] 걱정, 염려

Goethe-Zertifikat A1	Sprechen Teil3
Modellsatz	Kandidatenblätter

🔍 예시 답안

A Rufen Sie Ihre Eltern an!
B Ja, ich rufe sie heute Abend an.

🔍 해석

A 당신의 부모님께 전화하세요!
B 네, 제가 오늘 저녁에 그들에게 전화할게요.

어휘 anrufen [v.] 전화하다

제3회

실전모의고사
정답 및 해설

유형 1 ● ● ●

MP3 03_01

무엇이 정답일까요?

ⓐ, ⓑ, ⓒ 중에 ✕ 표시를 하세요.

본문은 두 번 듣게 됩니다.

Beispiel

📄 **Skript**

Frau Ach, Verzeihung, wo finde ich Herr Schneider vom Betriebsrat?

Mann Schneider. Warten Sie mal. Ich glaube, der ist in Zimmer Nummer 254. Ja, stimmt, Zimmer 254. Das ist im zweiten Stock. Da können Sie den Aufzug dort nehmen.

Frau Zweiter Stock, Zimmer 254. Okay, vielen Dank

🔍 **해석**

여자 실례합니다. 기업 상담 파트의 Schneider 씨를 어디서 만날 수 있나요?

남자 Schneider 씨요. 잠시만 기다려주세요. 제 생각에 그는 254호 방에 있을 거예요. 맞네요. 254호. 그것은 2층(한국식 3층)에 있어요. 저기서 엘리베이터를 타고 가시면 되요.

여자 2층(한국식 3층) 254호. 알겠습니다. 정말 감사합니다.

---

0   Schneider 씨의 방 번호는 무엇입니까?

ⓐ Zimmer 240.   ⓑ Zimmer 245.   ☒ Zimmer 254.

어휘 die Verzeihung [n.] 실례, 용서 ┆ finden [v.] 발견하다 ┆ vom Betriebsrat 기업 상담 파트의 ┆ warten [v.] 기다리다 ┆ glauben [v.] 생각하다. 믿다 ┆ das Zimmer [n.] 방 ┆ der Aufzug [n.] 엘리베이터 ┆ nehmen [v.] 타다. 잡다

▶Aufgabe 1

📄 **Skript**

Mann Guten Tag. Was soll ich Ihnen bringen?

Frau Ich hätte gern eine Pizza mit Cola.

Mann Gerne. Hier sind unsere Tagesgerichte für heute. Brauchen Sie noch etwas?

Frau Oh, das ist noch günstiger. Dann nehme ich davon. Ich nehme dann einen Hähnchen-Salat.

Mann Ja, gern. Brauchen Sie vielleicht Getränke?

Frau Nein, danke.

🔍 **해석**

남자 안녕하세요. 제가 당신에게 무엇을 가져다 드릴까요?

여자 저는 피자와 콜라를 주문할게요.

남자 기꺼이요. 여기는 우리가 준비한 오늘의 메뉴입니다. 더 필요하신 것이 있으신가요?

여자 오, 이것은 더 저렴하네요. 저는 그럼 그중에 선택할게요. 저는 그럼 닭고기 샐러드를 선택할게요.

남자 네, 좋습니다. 혹시 음료도 필요하신가요?

여자 아니요, 괜찮습니다.

---

1 여자는 식당에서 무엇을 주문하는가?

a Hähnchen ☒ Hähnchen Salat c Pizza und Cola

어휘 sollen [m.v] ～해야 한다 | bringen [v.] 가져오다 | Ich hätte gern ～을 주문할게요 | das Tagesgericht [n.] 오늘의 메뉴 | brauchen [v.] 필요하다 | noch günstiger 더 저렴한 | nehmen [v.] 주문하다 | das Hähnchen [n.] 치킨 | der Salat [n.] 샐러드 | das Getränk [n.] 음료, 주류 | bestellen [v.] 주문하다

▶ Aufgabe 2

📄 **Skript**

Frau Ich brauche ein Flugticket nach München. Ich möchte nächste Woche am Mittwoch fliegen. Was kostet das?

Mann Möchten Sie ein einfaches Ticket oder auch zurück?

Frau Ist es mit Rückflug billiger?

Mann Nein, das ist der gleiche Preis: Hin und zurück kosten €390,00 und der einfache Flug kostet die Hälfte.

Frau Dann nehme ich den einfachen Flug.

🔍 **해석**

여자 저는 뮌헨으로 가는 비행기 티켓이 필요합니다. 저는 다음주 수요일에 비행기로 가고 싶어요. 그것은 얼마인가요?

남자 당신은 편도를 원하시나요, 아니면 왕복으로 원하시나요?

여자 돌아오는 비행기편도 같이 하는 것이 더 저렴한가요?

남자 아니요, 그것은 가격은 같습니다. 왕복은 390유로이고 편도는 그 절반의 가격입니다.

여자 그럼 편도로 구매할게요.

2 티켓의 가격은 얼마인가?

a € 90   ☒ € 195   c € 390

어휘 brauchen [v.] 필요하다 ┃ das Flugticket [n.] 비행기 티켓 ┃ die Woche [n.] 주 ┃ fliegen [v.] 비행하다 ┃ kosten [v.] 가격이 ~이다 ┃ ein einfaches Ticket [n.] 편도 티켓 ┃ der Rückflug [n.] 돌아오는 항공 ┃ billiger 더 저렴한 ┃ der Preis [n.] 가격 ┃ hin und zurück 왕복 ┃ die Hälfte [n.] 절반 ┃ der einfache Flug [n.] 편도 항공

▶**Aufgabe 3**

Frau   Entschuldigung. Wo kommt denn der Zug aus Bochum an? Der Intercity, der kommt doch jetzt gleich, oder?
Mann   Der Intercity aus Bochum, Ankunft 15.55 Uhr, Einfahrt auf Gleis 15.
Frau   15.55 Uhr auf Gleis 15. Danke schön.

🔍 **해석**

여자   실례합니다. 보쿰에서 오는 기차는 어디로 도착하나요? 인터시티는 지금 곧 오지요, 그렇죠?
남자   보쿰에서 15시 55분에 도착하는 인터시티는, 15번 게이트로 들어와요.
여자   15시 55분 15번 게이트요. 감사합니다.

3   어디로 기차가 도착하는가?

[a] Gleis 5   ☒ Gleis 15   [c] Gleis 55

어휘   **ankommen** [v.] 도착하다 ┃ **die Ankunft** [n.] 도착 ┃ **die Einfahrt** [n.] 입차, 입선 ┃ **das Gleis** [n.] 게이트, 레일

▶**Aufgabe 4**

📄 **Skript**

Frau Gibt es diese Sportschuhe auch in Schwarz?

Mann Ja, aber die schwarzen sind nicht im Angebot. Die sind also etwas teurer, 115 €.

Frau Was kosten denn die roten Schuhe?

Mann 89,50 €. Die sind im Angebot.

Frau Das ist auch ziemlich viel. Ich weiß nicht... 89,50 €... Kann ich die Schuhe mal sehen?

Mann Ja, gern, ich hole sie sofort. Die sind wirklich sehr schön!

🔍 **해석**

여자 이 운동화가 검정색으로도 있나요?

남자 네, 하지만 검정색은 할인하지 않아요. 말하자면 그것은 조금 더 비싸요. 115유로입니다.

여자 그러면 빨간 신발은 얼마인가요?

남자 89,50 유로요. 그것은 할인 중입니다.

여자 그것도 꽤 비싸네요. 저는 잘 모르겠어요... 89,50유로... 제가 그 신발을 한 번 볼 수 있을까요?

남자 네, 그럼요, 제가 그것을 즉시 가지고 올게요. 그것은 정말 예쁘답니다!

4 검정 운동화는 얼마인가?

ⓐ 98,50 €   ⓑ 89,50 €   ☒ 115 €

어휘 schwarz [a.] 검은색의 ⏐ im Angebot 할인 중 ⏐ teurer [a.] 더 비싼 (teuer의 비교급) ⏐ ziemlich [a.] 꽤 ⏐ wissen [v.] 알다 ⏐ sofort [adv.] 즉시 ⏐ wirklich [a.] 정말 ⏐ die Turnschuhe [n.] 운동화

▶ **Aufgabe 5**

📄 Skript

Mann	Oh wie schade, heute ist das Museum geschlossen! Wann können wir es denn sehen?
Frau	Das Museum ist von Dienstag bis Donnerstag geöffnet, am Vormittag von 9.00 bis 12.00 Uhr.
Mann	Aber wir können nur am Nachmittag kommen.
Frau	Das Museum ist am Mittwoch und am Freitag von 15.00 bis 17.00 Uhr geöffnet.
Mann	Danke, dann kommen wir da wieder.

🔍 해석

남자	오 안타깝게도, 오늘은 그 박물관이 문을 닫네요! 그럼 우리는 언제 볼 수 있을까요?
여자	그 박물관은 화요일부터 목요일까지, 오전 9시부터 12시까지 열어요.
남자	하지만 우리는 오후에만 올 수 있어요.
여자	박물관은 수요일과 금요일에 15시부터 17시까지 열어요.
남자	감사해요, 그럼 우리는 그때 다시 올게요.

5 두 사람은 언제 박물관으로 가는가?

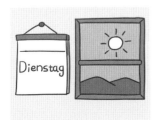  

a Am
Dienstagnachmittag

b Am
Mittwochnvormittag

☒ Am
Freitagtagnachmittag

> **어휘** schade [a.] 유감스러운 ┃ das Museum [n.] 박물관 ┃ geschlossen [a.] 닫힌 ┃ geöffnet [a.] 열린 ┃ am Nachmittag 오후에 ┃ ins Museum 박물관으로

▶Aufgabe 6

📄 **Skript**

Diese Nachricht ist für die jungen Leute gedacht. Um 14 Uhr beginnt in unserer Modeabteilung im dritten Stock die Modenschau: Es gibt neue Sommermode für junge Leute. Die neuesten Trends aus New York. Besuchen Sie uns.

🔍 **해석**

이 소식은 젊은 사람들을 위한 것입니다. 오후 14시에 패션 부서에서 하는 패션쇼가 3층에서 시작합니다: 젊은 사람들을 위한 새로운 여름 패션이 있습니다. 뉴욕에서 온 최신의 트렌드. 우리를 방문하세요.

6   패션쇼는 어디에서 하는가?

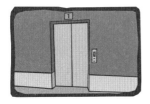   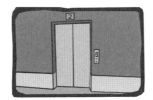   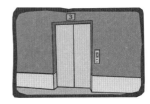

ⓐ 1. Stock   ⓑ 2. Stock   ☒ 3. Stock

어휘   **die Nachricht** [n.] 소식 ┊ **beginnen** [v.] 시작하다 ┊ **die Modeabteilung** [n.] 패션 부서 ┊ **im dritten Stock** 3층(한국식 4층)에서 ┊ **die Modenschau** [n.] 패션쇼 ┊ **die Sommermode** [n.] 여름 패션 ┊ **der Trend** [n.] 트렌드, 추세

유형 2 ● ● ●

MP3 03_02

맞으면 Richtig 에 틀리면 Falsch 에 ✕ 표시를 하세요.
본문은 한 번 듣게 됩니다.

Beispiel

> ### 📄 Skript
>
> Frau Katrin Gundlach, angekommen aus Budapest, wird zum Informationsschalter in die Ankunftshalle C gebeten. Frau Gundlach bitte zum Informationsschalter in die Ankunftshalle C.
>
> ### 🔎 해석
>
> 부다페스트에서 도착한 Katrin Gundlach 부인, C 도착 대합실의 안내소로 오세요. Katrin Gundlach 부인 C 도착 대합실의 안내소로 오시길 바랍니다.

0   여행객은 안내소 C번 홀로 오셔야 합니다.    ~~Richtig~~ Falsch

> **어휘** aus [prp.] ~에서 | die Ankunftshalle [n.] 도착 대합실 | der Informationsschalter [n.] 안내소,
> 안내 창구

▶ Aufgabe 7

> ### 📄 Skript
>
> Guten Tag, Frau Drakcic, hier spricht Gehlert. Danke für Ihren Anruf. Haben Sie Interesse an der Wohnung? Ich zeige sie Ihnen gerne am Samstag gegen 10.00 Uhr. Rufen Sie mich doch bitte zurück.
>
> ### 🔎 해석
>
> 안녕하세요, Drakcic 부인. Gehlert입니다. 당신의 전화에 감사드립니다. 당신은 그 집에 관심이 있으신가요? 제가 당신에게 그것을 기꺼이 토요일 10시쯤 보여드리겠습니다. 저에게 응답 전화 주세요.

7 Drakcic 부인은 그 집을 토요일 오전에 볼 수 있다.   R~~ichtig~~   *Falsch*

> sprechen [v.] 말하다 **ㅣ die Wohnung** [n.] 집 **ㅣ zeigen** [v.] 보여주다 **ㅣ zurückrufen** [v.] 다시
> 전화하다 **ㅣ am Samstagvormittag** 토요일 오전

▶**Aufgabe 8**

📄 **Skript**

Das Wetter für heute: In der Nacht werden die Temperaturen auf unter 0 Grad sinken. Morgen und am Sonntag scheint die Sonne. Es bleibt aber immer noch kalt mit 3 Grad.

🔍 **해석**

오늘의 날씨입니다: 밤에는 기온이 0도 아래로 떨어집니다. 내일과 일요일에는 해가 납니다. 하지만 여전히 3도로 춥습니다.

8 여전히 춥다.   R~~ichtig~~   *Falsch*

> in der Nacht 밤에는 **ㅣ die Temperatur** [n.] 기온, 온도 **ㅣ unter** [prp.] ~아래로 **ㅣ der Grad** [n.]
> 온도 **ㅣ sinken** [v.] 떨어지다 **ㅣ morgen** [adv.] 내일 **ㅣ scheinen** [v.] 비치다 **ㅣ die Sonne** [n.] 태양 **ㅣ**
> **bleiben** [v.] 머무르다 **ㅣ immer noch** 여전히, 아직도

▶**Aufgabe 9**

📄 **Skript**

Hier noch eine Meldung vom Sport: Heute Abend um 19.30 Uhr findet in der Mercedes-Benz-Arena in Stuttgart das Fußball-Länderspiel Deutschland gegen die Türkei statt. Machen Sie mit!

🔍 **해석**

이곳에 또 하나의 스포츠 소식입니다: 오늘 저녁 19시 30분에 슈트트가르트에 있는 메르세데스 벤츠 경기장에서 독일과 터키가 상대로 하는 축구 국제 경기가 열립니다. 함께하세요!

9 오늘 농구 경기가 있습니다. 독일과 터키가 경기를 합니다. <u>Richtig</u> <s>Falsch</s>

> **어휘** die Meldung [n.] 소식 | der Sport [n.] 스포츠 | stattfinden [v.] 열리다 | die Mercedes-Benz-Arena [n.] 메르세데스 벤츠 경기장 | das Fußball [n.] 축구 | das Länderspiel [n.] 국제 경기 | gegen [prp.] ∼를 상대로 | die Türkei [n.] 터키 | das Basketballspiel [n.] 농구 시합

▶Aufgabe 10

> 📄 **Skript**
>
> Ihre neue Brille ist fertig. Kommen Sie doch vorbei in dieser Woche. Wir sind montags bis samstags von 9 bis 12 Uhr und montags bis freitags auch von 14 bis 18 Uhr für Sie da. Am Samstagnachmittag ist unser Geschäft geschlossen.
>
> 🔍 **해석**
>
> 당신의 새로운 안경이 완성되었습니다. 이번 주에 들러 주세요. 우리는 월요일에서 토요일까지 9시부터 12시까지 그리고 월요일부터 금요일까지는 오후 14시부터 18시까지 영업합니다. 토요일 오후에 우리 가게는 문을 닫습니다.

10 그 가게는 화요일에도 문을 연다. <s>Richtig</s> <u>Falsch</u>

> **어휘** die Brille [n.] 안경 | fertig [a.] 완성된, 다 된 | vorbeikommen [v.] 잠시 방문하다 | in dieser Woche 이번 주에 | montags 월요일에 | samstags 토요일에 | freitags 금요일에 | das Geschäft [n.] 상점, 가게 | geschlossen [a.] 닫힌

유형 3 •••

 MP3 03_03

무엇이 옳은가요?

ⓐ, ⓑ, ⓒ 중에 ✕ 표시를 하세요.

본문은 두 번 듣게 됩니다.

▶Aufgabe 11

 Skript

Guten Morgen, Frau Kaminski. Ich möchte meinen Sohn entschuldigen. Er ist krank und kann nicht in den Unterricht kommen. Er hat nur eine Erkältung. Aber der Arzt hat gesagt, Deniz soll zwei bis drei Tage zu Hause im Bett bleiben.

🔍 **해석**

좋은 아침입니다. Kaminski 부인. 저는 저의 아들에 대하여 사과하고 싶습니다. 그는 아파서 수업에 갈 수가 없습니다. 그는 단지 감기에 걸렸을 뿐입니다. 하지만 의사는 Deniz가 집에서 2~3일 동안 침대에 머물러야 한다고 말했습니다.

11 남자는 누구에게 전화했는가?

ⓐ 의사에게

ⓑ 아들에게

☒ (여)선생님에게

> **어휘** **sich entschuldigen** [v.] 사과하다 ┃ **der Unterricht** [n.] 수업 ┃ **die Erkältung** [n.] 감기 ┃ **im Bett** 침대에 ┃ **haben...angerufen** [v.] 전화했다 (anrufen의 현재완료) ┃ **der Arzt** [n.] 의사 ┃ **der Sohn** [n.] 아들 ┃ **die Lehrerin** [n.] (여)선생님

▶ **Aufgabe 12**

 Skript

Frau Schneider, wie war Ihr Wochenende? Meins war zu kurz. Ich war mit den Kindern im Spielpark in Berlin. Der Eintritt war für jedes Kind 30 €, aber weil meine Freundin dort arbeitet, haben wir die Karten 50% billiger bekommen.

🔍 **해석**

Schneider 부인, 당신의 주말은 어땠나요? 저의 주말은 너무 짧았어요. 저는 아이들과 베를린에 있는 놀이동산에 갔었어요. 입장료는 어린이마다 30유로였지만, 저의 친구가 그곳에서 일하기 때문에, 저희는 50 프로 더 저렴하게 카드를 구매했어요.

12 그 카드는 얼마였는가?

☒ 15유로

b 30유로

c 50유로

어휘 **waren** [v.] ~있었다 (sein의 과거) ㅣ **im Spielpark** 놀이동산에서 ㅣ **weil** [cj.] ~때문에 ㅣ **die Karte** [n.] 카드 ㅣ **billiger** [a.] 더 저렴한 ㅣ **haben...bekommen** [v.] 받았다 (bekommen의 현재완료) ㅣ **haben...gekostet** [v.] 가격이 ~였다 (kosten의 현재완료)

▶ **Aufgabe 13**

📄 **Skript**

Hallo, Tina, unser Kurs ist in zwei Wochen zu Ende. Schenken wir unserer Lehrerin etwas. Vielleicht Blumen oder einen Terminkalender? Oder wir könnten ihr ein Hörbuch schenken. Ich finde meine letzte Idee am besten.

🔍 **해석**

안녕, Tina. 우리의 강좌는 2주 안에 끝나. 우리 선생님께 무엇인가를 선물하자. 혹시 꽃 아니면 스케줄러는 어때? 아니면 우리는 그녀에게 오디오북을 선물 할 수도 있어. 나는 나의 마지막 아이디어가 가장 좋다고 생각해.

13 학생은 선생님에게 무엇을 선물하고 싶어 하는가?

☒ 오디오북

b 스케줄러

c 꽃

> **어휘** der Kurs [n.] 강좌 ┊ schenken [v.] 선물하다 ┊ vielleicht [adv.] 혹시 ┊ die Blume [n.] 꽃 ┊ der Terminkalender [n.] 스케줄러 ┊ das Hörbuch [n.] 오디오북 ┊ am besten 가장 좋은 ┊ wollen [m.v] 하고 싶다 ┊ der Kalender [n.] 스케줄러

▶ **Aufgabe 14**

📄 **Skript**

Guten Tag, Richard. Hier ist Matias. Ich wollte mit meinem Auto fahren. Aber mein Bruder braucht dringend mein Auto. Mit dem Fahrrad dauert es zu lange. Deshalb habe ich mich entschieden mit dem Zug zu dir zu fahren. Ich hoffe, dass er keine Verspätung hat.

🔍 **해석**

안녕, Richard. Matias야. 나는 자동차를 타고 가려고 했어. 하지만 나의 남동생이 긴급하게 내 차동차를 필요로 해. 자전거를 타고 가면 너무 오래 걸려. 그래서 나는 기차를 타고 너에게 가기로 결심했어. 나는 기차가 연착이 없기를 바라.

---

14 Matias는 내일 무엇을 타고 가는가?

☒ 기차를 타고

b 자전거를 타고

c 자동차를 타고

> **어휘** wollten [v.] ~을 하고 싶었다 (wollen의 과거) ┊ fahren [v.] (무엇을 타고) 가다 ┊ brauchen [v.] 사용하다 ┊ dringend [a.] 긴급한 ┊ dauern [v.] 지속되다 ┊ sich haben...entschieden [v.] 결정했다 (sich entscheiden의 현재완료) ┊ die Verspätung [n.] 연착 ┊ womit [adv.] 무엇으로서

▶Aufgabe 15

 Skript

Ich bin Joachim. Ich brauche Informationen über die Rechnungen. Rufen Sie mich zurück unter der Nummer 0180/4556678. Vielen Dank und auf Wiederhören.

 해석

Joachim입니다. 저는 계산서에 대한 정보가 필요합니다. 아래 0180/4556678번호로 다시 전화해 주세요. 매우 감사드리며 안녕히 계세요.

15　Joachim의 번호는 무엇인가?

　　ⓐ　0180/4553678

　　☒　0180/4556678

　　ⓒ　0180/4456678

　　　어휘　brauchen [v.] 필요하다 ｜ die Information [n.] 정보 ｜ die Rechnung [n.] 계산 ｜ zurückrufen
　　　　　　[v.] 다시 전화하다 ｜ unter 아래의 ｜ die Nummer [n.] 번호 ｜ welch [prn.] 어느

유형 1 ●○○

2개의 본문과 1~5번까지의 문제를 읽으세요.
맞으면 | Richtig |에 틀리면 | *Falsch* |에 ✕ 표시를 하세요.

---

von: jasminluv@gmail.net
an: robert132@gmail.net

Hallo Roberto,
danke für deine Mail. Leider können wir uns am Sonntag nicht treffen! Ich fahre nach München. Mein Vater hat Geburtstag, da gibt es ein großes Familientreffen. Meine Schwester kommt aus Frankreich und meine anderen Geschwister sind auch alle da. Ich komme nächste Woche Mittwoch zurück. Vielleicht können wir nächste Woche einmal zusammen essen? Dann hoffentlich bis bald!

Viele Grüße
Jasmin

어휘 leider [adv.] 유감스럽게도 ǀ können [m.v] ~할 수 있다 ǀ **sich treffen** [v.] 만나다 ǀ **fahren** [v.] (무엇을 타고) 가다 ǀ **nach** [prp.] ~로 ǀ **vielleicht** [adv.] 혹시, 어쩌면 ǀ **zusammen** [adv.] 함께 ǀ **essen** [v.] 먹다 ǀ **hoffentlich** [adv.] 바라건대 ǀ **bis bald** 곧 만나자

🔍 **해석**

안녕 Roberto,
너의 메일 고마워. 유감스럽게도 우리는 일요일에 만날 수가 없어! 나는 뮌헨에 가. 나의 아버지가 생일이거든. 그곳에서는 큰 가족 모임이 있어. 나의 여동생은 프랑스에서 오고 나의 다른 형제자매들도 모두 그곳에 있을 거야. 나는 다음 주 수요일에 돌아올 거야. 혹시 우리가 다음 주에 한번 함께 식사를 할 수 있을까? 그럼 곧 만나기를 바라며!

많은 안부를 담아
Jasmin

0 Jasmin은 주말에 그의 형제자매를 만난다.   Richtig   ~~Falsch~~

1 Jasmin은 다음주에 Roberto를 보려고 한다.   ~~Richtig~~   Falsch

2 두 사람은 뮌헨에 거주한다.   Richtig   ~~Falsch~~

> **어휘**   wollen [m.v] ~하고 싶다 | treffen [v.] 만나다 | sehen [v.] 보다 | wohnen [v.] 살다

---

von: mirr-85@gmail.net
an: tomm2010@gmail.net

Lieber Tom,
vielen Dank für deine Einladung zur Hochzeit. Es tut mir wirklich Leid. Ich kann am Sonntag Abend nicht kommen. Es ist sehr schade, dass ich nicht teilnehmen kann. Ich muss am Wochenende auf eine Geschäftsreise gehen. Ich muss nach Japan und bin erst am 4. Januar zurück. Vielleicht können wir nächste Woche etwas unternehmen. Ich will auch ein schönes Geschenk für dich vorbereiten.

Liebe Grüße
Miriam

> **어휘**   die Einladung [n.] 초대 | wirklich [adv.] 정말로 | schade [a.] 섭섭한 | die Geschäftsreise [n.] 출장 | unternehmen [v.] 계획하다

🔍 **해석**

친애하는 Tom,
결혼식에 초대해 줘서 정말 고마워. 정말 미안해. 나는 토요일 저녁에 갈 수가 없어. 내가 동참할 수 없어서 매우 아쉬워. 나는 주말에 출장을 가야 해. 나는 일본으로 가야 하고 1월 4일이 되어서야 돌아와. 어쩌면 우리는 다음주에 무언가를 계획할 수 있겠다. 나는 너를 위한 예쁜 선물을 준비할 거야.

사랑의 안부를 담아
Miriam

3 Miriam은 다음 주에 그녀의 결혼식을 한다.　　　　　　　Richtig　　~~Falsch~~

4 Miriam은 평일에 출장을 간다.　　　　　　　　　　　Richtig　　~~Falsch~~

5 Tom은 좋은 선물을 받게 될 것이다.　　　　　　　~~Richtig~~　　Falsch

> **어휘** die Hochzeit [n.] 결혼식 | unter der Woche 평일에 | die Geschäftsreise [n.] 출장

유형 2 ● ● ●

본문과 6~10번까지의 문제를 읽으세요.

정보는 어디에서 찾을 수 있나요? ⓐ 또는 ⓑ에서 정답을 찾아 ✕ 표시를 하세요.

Beispiel

0   당신은 쾰른에 있고 저녁에 프랑크푸르트에 도착하기를 바란다. 당신은 기차를 타고 가기를 원한다.

www-reiseauskunft-bahn.de			
기차역	시간	걸리는 시간	게이트
쾰른	출발 18.44	1.09	8
프랑크푸르트	도착 19.53		

www.reiseportal.de			
기차역	시간	걸리는 시간	게이트
쾰른	출발 13.55	2.20	6
프랑크푸르트	도착 16.15		

vom Goethe-Institut

◆ **정답**   a

◆ **어휘**   **der Bahnhof** [n.] 중앙역 ┆ **die Zeit** [n.] 시간 ┆ **die Dauer** [n.] 걸리는 시간 ┆ **das Gleis** [n.] 선로,
게이트

6   당신은 독일에서 여름에 휴가를 보내기 원하고 독일어도 계속하여 배우기를 원한다.

www.sprachkurse-deutsch.de
독일의 수도에서 가을과 겨울에 다양한 문화와 함께 방학 어학 강좌를 제공합니다.
모든 단계
날짜? 가격? 모든 것을 당신은 여기서 발견할 수 있습니다.
<u>연락</u>

www.urlaub-dd.de
독일에서 휴가 보내기: 모든 가족을 위한 매력적인 제안.
휴가를 농장에서: 자연에 대하여 알아보세요.
당신은 흥미가 있습니까? 그렇다면 이곳에 등록하세요.

◆ **정답**   a

어휘 wollen [m.v] ~하고 싶다 | der Urlaub [n.] 휴가 | machen [v.] 하다 | weiter [adv.] 계속하여 | die Feriensprachkurse [n.] 방학 어학 강좌 | die Hauptstadt [n.] 수도 | im Herbst 가을에 | im Winter 겨울에 | kulturell [a.] 문화적인, 문화상의 | das Angebot [n.] 제공 | die Stufe [n.] 단계 | das Datum [n.] 날짜 | der Preis [n.] 가격 | der Kontakt 연락, 관계 | attraktiv [a.] 매력적인 | das Angebot [n.] 제안 | der Bauernhof [n.] 농장 | die Interesse [n.] 흥미 | sich melden [v.] 등록하다

---

7 당신은 두 명의 친구와 함께 도르트문트에 대하여 알기를 원한다.

www.stadt-dortmund.de
당신은 도르트문트를 즐기고 싶나요?
도르트문트 티켓은 지금 오직 28유로입니다. 5명까지 28유로로 하루 동안 도르트문트 전체를 이동할 수 있습니다.
당신이 원하는 만큼 많이 – 버스와 철도를 타세요.

www.ticket-dortmund.de
티켓샵 – 이제 도르트문트에서도 이용하세요
지금 판매 중 뮤지컬, 쇼, 콘서트 입장권을 예매
편하게 집에서 주문하세요.
여기를 **클릭** 하세요

정답 a

어휘 möchten [m.v] ~을 원하다 | kennenlernen [v.] 알게 되다 | wollen [m.v] ~하고 싶다 | genießen [v.] 즐기다 | der Bus [n.] 버스 | die Bahn [n.] 철도 | der Vorverkauf [n.] 예매 | die Karte [n.] 티켓 | bequem [a.] 편안한 | von zu Hause 집에서 | bestellen [v.] 주문하다

---

8 당신은 인터넷에서 독일 책을 구매하고 싶다.

www.buchladen.de
독일에 있는 50개의 서점!
최신의 정보 카페와 독서실
우리에 대하여 주소 마크거리 .3 프랑크푸르트 34723

www.buch-bestellen.de
독서! 독서! 독서!
소설 전문 서적 학교 서적 실용 서적
온라인 주문 www.buch-bestellen.de

정답 b

어휘 im Internet 인터넷에서 | kaufen [v.] 사다 | der Buchladen [n.] 서점 | aktuell [a.] 최신의 | die Information [n.] 정보 | der Leseräum [n.] 독서실 | lesen [v.] 읽다 | das Fachbuch [n.] 전문 서적, 전공 서적 | das Schulbuch [n.] 교과서 | das Sachbuch [n.] 실용 서적 | bestellen [v.] 주문하다

9 당신은 독일에서 유람선을 타고 여행을 하고 싶고 또한 하나의 도시를 방문하고 싶다.

www.party-jedentag.de 지금부터 매일 출발 물 위에서 즐기는 라인강의 파티 저녁 뷔페, 브런치 뷔페 저녁 프로그램 코블렌츠에서 뤼데스하임까지 이동 모든 출발 시간과 가격 아래 www.party-jedentag.de	www.weinberg.de 기차를 타고 당일 여행. 뤼데스하임을 방문하세요. 한 사람에 59유로로, 포도밭에서의 산책과 다른 활동들. 우리에 대하여 예약 *여기를 클릭하세요*

정답 a

어휘 die Schiffreise [n.] 유람선 여행 | besuchen [v.] 방문하다 | täglich [a.] 매일의 | die Abfahrt [n.] 출발 | Rheinische Party 라인강의 파티 | auf dem Wasser 물 위에서 | das Abendbuffet [n.] 저녁 뷔페 | das Brunchbuffet [n.] 브런치 뷔페 | das Abendprogramm [n.] 저녁 프로그램 | die Tagesfahrt [n.] 당일 여행 | pro ~마다 | die Wanderung [n.] 도보 여행 | durch [prp.] ~지나서 | der Weinberg [n.] 포도밭 | ander [a.] 다른 | die Aktivität [n.] 활동 | die Buchung [n.] 예약

10 당신은 인터넷에서 극장 티켓을 예약하고 싶다.

www.tourismus-info.de 여행자 – 정보 버스 탑승을 위한 정보 및 예약 쾰른을 위한 특별요금 콘서트서비스 극장 버스여행 & 뒤셀도르프 에서 열리는 극장 페스티벌로 가는 여행	www.service-tour.de 여행자를 위한 모든 서비스 호텔 예약 시티투어 콘서트, 오페라, 연극 티켓 서비스 *여기를 클릭하세요*

정답 b

어휘 im Internet 인터넷에서 ┊ die Theaterkarte [n.] 극장 티켓 ┊ reservieren [v.] 예약하다 ┊ der Tourismus [n.] 관광, 관광 여행 ┊ die Infoformation [n.] 정보 ┊ die Reservierung [n.] 예약 ┊ die Busfahrt [n.] 버스 탑승 ┊ der Sondertarif [n.] 특별 할인 요금 ┊ das Konzertservice [n.] 콘서트 서비스 ┊ die Busreise [n.] 버스 여행 ┊ die Serviceleistung [n.] 서비스 성능 ┊ der Tourist [n.] 관광객 ┊ die Hotelreservierung [n.] 호텔 예약 ┊ die Stadtrundfahrt [n.] 시티 투어 ┊ das Ticketservice [n.] 티켓 서비스 ┊ das Konzert [n.] 음악회, 콘서트 ┊ die Oper [n.] 오페라 ┊ das Theather [n.] 극장

유형 3 •••

본문과 11~15번까지의 문제를 읽으세요.
맞으면 Richtig 에 틀리면 Falsch 에 ✕ 표시를 하세요.

Beispiel

어학원

어학원이 이전했습니다.
당신은 이제 베토벤 거리 23에서
우리를 만날 수 있습니다.

독일어를 배우려면 베토벤 거리 23번지로 가야 한다.　　　~~Richtig~~　　Falsch

> **어휘**　das Sprachzentrum [n.] 어학원, 어학 센터 ┃ sein...umgezogen [v.] 이사 갔다 (umziehen의 현재완료) ┃ finden [v.] 발견하다

11　학교에서

Masuch 부인의 수업은
오늘 열리지 않습니다.
추가 정보는 사무실에 있습니다.

오늘 Masuch 부인은 수업이 없다.　　　~~Richtig~~　　Falsch

> **어휘**　der Unterricht [n.] 수업 ┃ die Klasse [n.] 수업 ┃ stattfinden [v.] 열리다 ┃ weiter [a.] 더 이상의 ┃ die Information [n.] 정보 ┃ im Sekretariat 사무실에 ┃ es gibt ~있다

12 역에서

> 수리 때문에 3번 4번 게이트에서는
> 오늘 기차가 다니지 않습니다.
>
> 역 광장에서 언제든지 정보를 받을 수 있습니다.

3번 게이트와 4번 게이트는 오늘 닫힌다.   ~~Richtig~~   *Falsch*

어휘 am Bahnhof [n.] 역 ┆ der Zug [n.] 기차 ┆ die Bahnhofshalle [n.] 기차역 광장 ┆ geschlossen
[a.] 닫힌

13 정류장에서

> **주말에 7번 라인 버스 운행:**
>
> 토요일 6.00 – 18.00 20분마다
> 18.00시 이후 버스 운행 없음
>
> 일요일 8.00 – 21.00 30분마다
> 21.00 이후 버스 운행 없음

일요일 밤에는 버스가 매우 적게 다닌다.   Richtig   ~~Falsch~~

어휘 die Sonntagnacht [n.] 일요일 밤 ┆ wenig [a.] 적은 ┆ fahren [v.] (무엇을 타고) 가다

14 레스토랑에서

Oskar 레스토랑

정원에서 음악과 스테이크

평일에는 22시까지.
금요일과 토요일마다 23시까지
레스토랑은 24시에 문을 닫습니다.

테이블 예약 전화번호: 053 32 833

수요일 저녁에 당신은 23시까지 정원에 앉아 있을 수 있다.   Richtig   ~~Falsch~~

> **어휘**   im Garten 정원에서 ┊ wochentags [adv.] 평일에 ┊ die Tischreservierung [n.] 테이블 예약 ┊ sitzen [v.] 앉아 있다

15 정류장에서

건설 작업으로 인해 정류장이
이전되었습니다.

150 미터 왼쪽으로
파펜부르크 거리 모퉁이에 있습니다.

정류장이 더 이상 없다.   Richtig   ~~Falsch~~

> **어휘**   die Haltestelle [n.] 정류장 ┊ mehr [prn.] 더 많은 ┊ Bauarbeiten [n.] 건설 작업, 토목 공사 (pl.) ┊ verlegen [v.] 이전하다, 움직이다 ┊ wegen [prp.] ~때문에

유형 1 ••

당신의 친구인 Hans Alvarez는 그의 딸 Katrin을 스포츠클럽 BSW에 등록시키길 원합니다.
Katrin은 10살이고 테니스를 치고 싶어 합니다. Alvarez은 에쎈에 살고 있습니다.
Alvarez는 회비를 3개월마다 입금하기를 원합니다.

양식에는 5개의 정보가 빠져 있습니다.
당신의 친구를 도와주시고 5개의 빈칸에 채워서 서식을 완성하세요.
마지막에는 당신의 답을 해답지에 적으세요.

어휘 der Sportverein [n.] 스포츠클럽 ┆ anmelden [v.] 등록하다 ┆ der Mitgliedsbeitrag [n.] 회비 ┆
überweisen [v.] 입금하다 ┆ das Formular [n.] 양식, 서식 ┆ fehlend [a.] 부족한 ┆ die Information [n.]
정보 ┆ helfen [v.] 돕다 ┆ schreiben [v.] 적다 ┆ die Lösung [n.] 답 ┆ der Antwortbogen [n.] 해답지

Sportverein BSW

Anmeldung

Name des Kindes :	**Katrin**	(0)
Nachname des Kindes :	Alvarez	(1)
Straße :	**Mühlenstraße 34**	
PLZ / ORT :	**40231**　　　　**Essen**	
Alter :	**10 Jahre alt**	
Geschlecht :	männlich ☐　　weiblich ☒	(2)
Interessen/Sportarten :	Tennis	(3)

Monatsbeitrag

Kinder bis 12 Jahre　　　☒ 10 €
Kinder von 13-18 Jahren　☐ 15 €　　　　　　　　　　(4)

zahlbar durch Abbuchung von Konto 315560-232
bei der Postbank Essen BLZ 200 400 10

Zahlungsweise :

　　☐ monatlich　　　☒ vierteljährlich　　　☐ halbjährlich　　(5)

Unterschrift des Vaters / der Mutter　　　_*Alvaerz*_

🔍 해석

스포츠클럽 BSW

등록

어린이 이름 :	Katrin	(0)
어린이 성 :	Alvarez	(1)
도로명 :	Mühlenstraße 34	
우편번호 / 장소 :	40231　　　　Essen	
나이 :	10살	
성별 :	남자 ☐　　　여자 ☒	(2)
흥미 / 운동 종목 :	테니스	(3)

월회비

아동 12세 까지　☒ 10 €

아동 13세 부터 – 18세　☐ 15 €　　　　　　　　　(4)

계좌이체를 통해 지불 가능 315560-232

Post 은행 에쎈 은행 번호 200 400 10

입금 방법:

　☐ 매월　　　☒ 분기별　　　☐ 6개월　　　(5)

서명 아버지/어머니 _____ *Alvaerz* _____

유형 2 ••

당신은 오늘 저녁 친구(남)/(여)와 함께 영화관에 가고 싶었습니다. 당신은 하지만 아프고 갈 수 없습니다. 당신의 친구(남)/(여)에게 적으세요.

— 당신은 왜 메일을 쓰는가?
— 당신의 상태는 어떠한가?
— 언제 다시 만나는가?

각 제시문에 대하여 1 – 2개의 문장을
답안지에 적으세요. (약 30개의 단어)
호칭과 안부도 적으세요.

어휘 wollten [m.v] ~하고 싶었다 (wollen의 과거) ┊ können [m.v] 할 수 있다 ┊ warum [adv.] 왜, 어째서 ┊ ins Kino 영화관으로 ┊ schreiben [v.] 쓰다 ┊ zu jedem Punkt 각 제시문에 ┊ der Satz [n.] 문장 ┊ der Antwortbogen [n.] 답안지

📢 예시 답안 1

Lieber Matias,

ich schreibe dir, weil ich jetzt starke Kopfschmerzen habe. Es tut sehr weh. Können wir am Wochenende ins Kino gehen? Ich rufe dich morgen wieder an.

Mit freundlichen Grüßen
Murat

🔍 해석

친애하는 Matias,

나는 지금 두통이 너무 심해서 너에게 편지를 써. 통증이 매우 심해. 우리 주말에 영화관에 가도 될까? 내가 너에게 내일 다시 전화할게.

친절한 안부를 담아
Murat

 어휘 weil [cj.] ~때문에 ⏐ **stark** [a.] 심한 ⏐ **der Kopfschmerzen** [n.] 두통 ⏐ **anrufen** [v.] 전화하다

예시 답안 2

Liebe Lena,
wir wollten doch heute ins Kino gehen. Aber ich bin plötzlich sehr krank. Ich muss zum Arzt gehen. Können wir uns am Mittwoch sehen? Es tut mir leid.

Mit vielen Grüßen
Murat

🔍 **해석**

친애하는 Lena,
우리는 오늘 영화관에 가려고 했잖아. 하지만 나는 갑자기 몹시 아파. 나는 병원에 가야만 해. 우리 수요일에 볼 수 있을까? 미안해.

많은 안부를 담아
Murat

어휘 wollten [m.v] ~하고 싶었다 (wollen의 과거) | plötzlich [adv.] 갑자기 | krank [a.] 아픈 | zum Arzt gehen 병원에 가다 | sich sehen [v.] 보다

유형 1 ● ● ●

MP3 03_04

자신을 소개합니다.

이름?

나이?

나라?

사는 곳?

언어?

직업?

취미?

예시 답안

Hallo! Ich bin Minsu und bin 18 Jahre alt. Ich komme aus Korea und wohne in Busan. Ich spreche Koreanisch, Englisch und Deutsch. Ich bin Schüler. In meiner Freizeit mag ich es mit meinen Freunden in die Stadt zu gehen. Am Wochenende surfe ich gern im Internet.

해석

안녕! 나는 민수이고 18살이야. 나는 한국 출신이고 부산에서 살고 있어. 나는 한국어, 영어 그리고 독일어를 해. 나는 학생이야. 나는 나의 여가시간에 친구들과 함께 시내로 외출하는 것을 좋아해. 나는 주말에는 인터넷 검색하는 것을 좋아해.

어휘 wohnen [v.] 살다 | sprechen [v.] 말하다 | in meiner Freizeit 나의 여가시간에 | mögen [m.v] 좋아하다 | in die Stadt 시내로 | surfen [v.] 검색하다 | das Internet [n.] 인터넷

유형 2 ● ● ●

MP3 03_05

상대방의 정보에 대해 질문하고 정보 주기.

하나의 주제를 가지고 질문을 하고, 질문에 대한 대답을 해야 합니다. 당신은 파트너와 함께 대화를 합니다.

답안 A

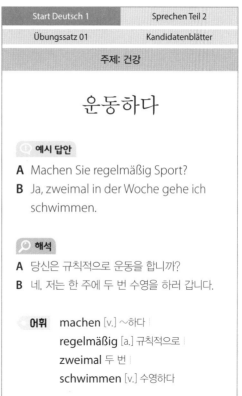

Start Deutsch 1	Sprechen Teil 2
Übungssatz 01	Kandidatenblätter

주제: 건강

잠자다

예시 답안

A Wie viele Stunden schlafen Sie für Ihre Gesundheit?

B Ich schlafe normalerweise 8 Stunden.

해석

A 당신은 당신의 건강을 위해 얼마나 많은 시간을 잡니까?

B 저는 보통 8시간 잡니다.

어휘 schlafen [v.] 자다
die Gesundheit [n.] 건강
normalerweise [adv.] 보통

Start Deutsch 1	Sprechen Teil 2
Übungssatz 01	Kandidatenblätter

주제: 건강

운동하다

예시 답안

A Machen Sie regelmäßig Sport?

B Ja, zweimal in der Woche gehe ich schwimmen.

해석

A 당신은 규칙적으로 운동을 합니까?

B 네, 저는 한 주에 두 번 수영을 하러 갑니다.

어휘 machen [v.] ~하다
regelmäßig [a.] 규칙적으로
zweimal 두 번
schwimmen [v.] 수영하다

Start Deutsch 1	Sprechen Teil 2
Übungssatz 01	Kandidatenblätter

주제: 건강

아프다

예시 답안

A Wann waren Sie krank?
B Letzte Woche hatte ich Kopfschmerzen und Bauchschmerzen.

해석

A 당신은 언제 아팠습니까?
B 지난주에 저는 두통과 복통이 있었습니다.

어휘 waren [v.] ~이었다 (sein의 과거)
krank [a.] 아픈 | letzt [a.] 지난
die Woche [n.] 주
hatten [v.] 가졌다 (haben의 과거)
die Kopfschmerzen [n.] 두통 (pl.)
die Bauchschmerzen [n.] 복통 (pl.)

Start Deutsch 1	Sprechen Teil 2
Übungssatz 01	Kandidatenblätter

주제: 건강

흡연하다

예시 답안

A Rauchen Sie oder haben Sie mal geraucht?
B Ich habe bis jetzt nie geraucht.

해석

A 흡연을 하시나요, 아니면 흡연을 해 본 적이 있나요?
B 저는 지금까지 흡연을 해 본 적이 없습니다.

어휘 rauchen [v.] 흡연하다
haben...geraucht [v.] 흡연했다
(rauchen의 현재완료)

개인 병원

🗨 **예시 답안**

A Gibt es in der Nähe von Ihrem Haus eine Praxis?

B Ja, es gibt sogar zwei Praxen.

🔍 **해석**

A 당신의 집 근처에 개인 병원이 있습니까?

B 네, 게다가 두 개의 개인 병원이 있습니다.

💬 **어휘** in der Nähe 근처에 ┆
die Praxis [n.] 개인 병원 ┆
sogar [adv.] 게다가

음식

🗨 **예시 답안**

A Wie essen Sie für Ihre Gesundheit?

B Ich esse für meine Gesundheit viel Obst und Gemüse.

🔍 **해석**

A 당신의 건강을 위해 어떻게 음식을 섭취하십니까?

B 저는 저의 건강을 위해 많은 과일과 채소를 먹습니다.

💬 **어휘** essen [v.] 먹다 ┆
die Gesundheit [n.] 건강 ┆
das Obst [n.] 과일 ┆
das Gemüse [n.] 채소

답안 B

Start Deutsch 1	Sprechen Teil 2
Übungssatz 01	Kandidatenblätter
주제: 배우다	

인터넷

예시 답안

A Lernen Sie auch mit dem Internet?
B Ja, ich sehe gern Filme auf Japanisch und lerne dabei die Sprache.

해석

A 당신은 인터넷으로도 공부하십니까?
B 네, 저는 일본어로 영화를 즐겨 보고 그것과 함께 언어도 배웁니다.

어휘 sehen [v.] 보다
die Film [n.] 영화
die Sprache [n.] 언어
dabei 그 외에, 덧붙여

Start Deutsch 1	Sprechen Teil 2
Übungssatz 01	Kandidatenblätter
주제: 배우다	

언어들

예시 답안

A Welche Sprache lernen Sie zurzeit?
B Ich lerne jetzt Deutsch und Englisch.

해석

A 당신은 요즘에 어떤 언어를 배우십니까?
B 저는 지금은 독일어와 영어를 배웁니다.

어휘 lernen [v.] 배우다
zurzeit [adv.] 요즘에

Start Deutsch 1	Sprechen Teil 2
Übungssatz 01	Kandidatenblätter
주제: 배우다	

전공

💬 예시 답안

A Was ist Ihr Fach und wann haben Sie es angefangen?

B Mein Fach ist Medizin und ich studiere es seit 3 Jahren.

🔍 해석

A 당신의 전공은 무엇이며 언제 학업을 시작했습니까?

B 저의 전공은 의학이고 저는 3년 전부터 공부를 하고 있습니다.

> **어휘** das Fach [n.] 전공. 전문 분야 ¦
> haben...angefangen [v.] 시작했다
> (anfangen의 현재완료) ¦
> die Medizin [n.] 의학 ¦
> studieren [v.] 대학 공부를 하다 ¦
> seit [prp.] ~이래로

Start Deutsch 1	Sprechen Teil 2
Übungssatz 01	Kandidatenblätter
주제: 배우다	

선생님

💬 예시 답안

A Lernen Sie Deutsch allein oder mit einer Lehrerin?

B Ich lerne einmal in der Woche mit einer Lehrerin. Sie ist prima.

🔍 해석

A 당신을 독일어를 혼자 공부 하나요 아니면 선생님과 함께 공부하나요?

B 저는 선생님과 주 1회 공부를 합니다. 그녀는 최고입니다.

> **어휘** allein [a.] 홀로 ¦
> einmal [adv.] 한 번

Start Deutsch 1	Sprechen Teil 2
Übungssatz 01	Kandidatenblätter
주제: 배우다	

책들

예시 답안

A Wie viele Lehrbücher haben Sie beim Deutsch lernen bis jetzt benutzt?

B Ich habe zwei Lehrbücher benutzt.

해석

A 당신은 독일어를 배울 때 얼마나 많은 교재를 사용했습니까?

B 저는 두 권의 교재를 사용했습니다.

어휘 das Lehrbuch [n.] 교재
haben...benutzt [v.] 사용했다
(benutzen의 현재완료)

Start Deutsch 1	Sprechen Teil 2
Übungssatz 01	Kandidatenblätter
주제: 배우다	

집에 있다

예시 답안

A Machen Sie Ihre Hausaufgaben zu Hause oder in der Bibliothek?

B Ich mache sie zu Hause.

해석

A 당신은 숙제를 집에서 합니까 아니면 도서관에서 합니까?

B 저는 그것을 집에서 합니다.

어휘 machen [v.] ~하다
die Hausaufgabe [n.] 숙제
die Bibliothek [n.] 도서관

유형 3 • • • MP3 03_06

그림에 대하여 표현하고 거기에 대해 반응해 보세요.

그림 카드를 보고 답하는 문제입니다. 한 그룹 안에서 돌아가면서 부탁을 하고, 그 부탁에 대해 대답을 하세요.

답안 A

🗨 **예시 답안**

A Genießen Sie das Fußballspiel!
B Ja, das macht mir immer Spaß.

🔍 **해석**

A 축구 경기를 즐기세요!
B 네, 그것은 항상 즐겁습니다.

> **어휘** genießen [v.] 즐기다 |
> das Fussballspiel [n.] 축구 |
> der Spaß [n.] 즐거움

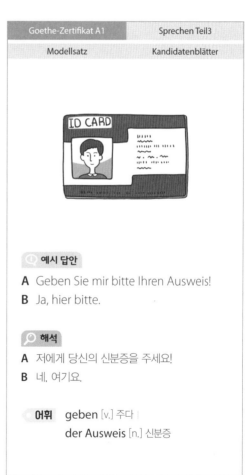

🗨 **예시 답안**

A Geben Sie mir bitte Ihren Ausweis!
B Ja, hier bitte.

🔍 **해석**

A 저에게 당신의 신분증을 주세요!
B 네, 여기요.

> **어휘** geben [v.] 주다 |
> der Ausweis [n.] 신분증

Goethe-Zertifikat A1	Sprechen Teil3
Modellsatz	Kandidatenblätter

🔍 **예시 답안**

A Verlieren Sie bitte nicht den Schlüssel!
B Ja, ich werde ihn immer dabeihaben.

🔍 **해석**

A 그 열쇠를 잃어버리지 마세요!
B 네, 저는 항상 그것을 가지고 있을게요.

어휘 verlieren [v.] 잃어버리다
der Schlüssel [n.] 열쇠
immer [adv.] 항상
dabeihaben [v.] 가지고 있다

Goethe-Zertifikat A1	Sprechen Teil3
Modellsatz	Kandidatenblätter

🔍 **예시 답안**

A Biringen Sie bitte die Kamera mit!
B Ja, ich mache gern Fotos.

🔍 **해석**

A 카메라를 가지고 오세요!
B 네, 저는 사진 찍는 것을 좋아해요.

어휘 mitbringen [v.] 가져오다
die Kamera [n.] 카메라

Goethe-Zertifikat A1	Sprechen Teil3
Modellsatz	Kandidatenblätter

🗨 **예시 답안**

A Notieren Sie auf das Heft!
B Ja, das mache ich.

🔍 **해석**

A 공책에 기입하세요!
B 네, 그렇게 할게요.

어휘 notieren [v.] 기입하다
das Heft [n.] 공책

Goethe-Zertifikat A1	Sprechen Teil3
Modellsatz	Kandidatenblätter

🗨 **예시 답안**

A Machen Sie die Tür des Kühlschranks nicht auf!
B Ich mache sie nicht auf.

🔍 **해석**

A 냉장고 문을 열지 마세요!
B 저는 그것을 열지 않아요.

어휘 aufmachen [v.] 열다
die Tür [n.] 문
der Kühlschrank [n.] 냉장고

답안 B

Goethe-Zertifikat A1	Sprechen Teil3
Modellsatz	Kandidatenblätter

🔊 **예시 답안**

A Fahren Sie lieber mit dem Zug!
B Ja, ich fahre mit dem Zug.

🔍 **해석**

A 차라리 기차를 타고 가세요!
B 네, 저는 기차를 타고 갈 거예요.

📝 **어휘** fahren [v.] (무엇을 타고) 가다
    lieber [adv.] 차라리

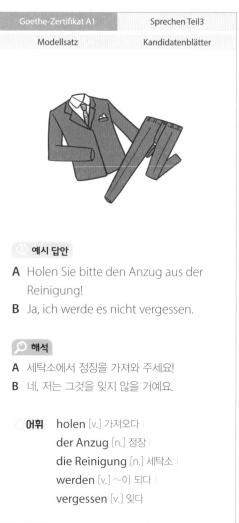

Goethe-Zertifikat A1	Sprechen Teil3
Modellsatz	Kandidatenblätter

🔊 **예시 답안**

A Holen Sie bitte den Anzug aus der Reinigung!
B Ja, ich werde es nicht vergessen.

🔍 **해석**

A 세탁소에서 정장을 가져와 주세요!
B 네, 저는 그것을 잊지 않을 거예요.

📝 **어휘** holen [v.] 가져오다
    der Anzug [n.] 정장
    die Reinigung [n.] 세탁소
    werden [v.] ~이 되다
    vergessen [v.] 잊다

Goethe-Zertifikat A1	Sprechen Teil3
Modellsatz	Kandidatenblätter

🔊 예시 답안

A Essen Sie auch den Salat!
B Ja, ich esse ihn.

🔍 해석

A 이 샐러드도 드세요!
B 네, 제가 그것을 먹을게요.

어휘 essen [v.] 먹다 |
der Salat [n.] 샐러드

Goethe-Zertifikat A1	Sprechen Teil3
Modellsatz	Kandidatenblätter

🔊 예시 답안

A Man darf hier nicht schwimmen.
B Ja, das weiß ich auch.

🔍 해석

A 이곳에서 수영을 해서는 안 됩니다.
B 네, 저도 알고 있어요.

어휘 schwimmen [v.] 수영하다 |
wissen [v.] 알다

Goethe-Zertifikat A1	Sprechen Teil3
Modellsatz	Kandidatenblätter

🔊 예시 답안

A Werfen Sie bitte den Müll nicht am Strand weg!

B Ja, natürlich! Man sollte das nicht tun!

🔍 해석

A 해변에 쓰레기를 버리지 마세요!

B 네, 당연하죠! 그것은 하면 안 되는 행동이에요.

어휘 wegwerfen [v.] 버리다, 내던져 버리다 ┊
am Strand 해변가에

Goethe-Zertifikat A1	Sprechen Teil3
Modellsatz	Kandidatenblätter

🔊 예시 답안

A Hören Sie oft die Musik-CD!

B Ja, ich höre sowieso gern Musik.

🔍 해석

A 음악 CD를 자주 들으세요!

B 네, 저는 어차피 음악을 즐겨 들어요.

어휘 hören [v.] 듣다 ┊
sowieso [adv.] 어차피

A1 말하기 시험에 자주 출제되는 명사

Der		Die		Das	
Computer	컴퓨터	Familie	가족	Buch	책
Garten	정원	Stunde	시간	Haustier	애완동물
Bruder	남자 형제	Schwester	여자 형제	Bild	그림
Vater	아버지	(pl.) Großeltern	조부모님	Foto	사진
Onkel	삼촌	Tante	이모	Wasser	물
Film	영화	Kartoffel	감자	Geschirr	식기, 주방도구
Hund	개	CD	씨디	Glas	유리컵
Stuhl	의자	Zeitschrift	잡지	Heft	공책
Pullover	스웨터	Banane	바나나	Ausland	외국
Sprachkurs	어학 수업	Flasche	병	Auto Rad	자동차 바퀴
Zug	기차	Rollschuhe	롤러스케이트	Krankenhaus	종합병원
Sonntag	일요일	Hausaufgabe	숙제	Motorrad	오토바이
Sport	운동	Tafel	칠판	Obst	과일
Ausflug	소풍	Birne	배	Licht	불, 조명
Lehrer	남자 선생님	Aufgabe	과제	Theater	극장
Termin	일정	Schokolade	초콜릿	Frühstück	아침 식사
Apfel	사과	Schuhe	신발(켤레)	Papier	서류, 종이
Arbeits-Platz	직장 위치	Fahrkarte	차표	Bier	맥주
Lieblingssport	좋아하는 운동	(pl.) Bücher	책들	Deutsch	독일어
Fußball	축구	Suppe	수프	Radio	라디오
Ball	공	Blume	꽃	Fahrrad	자전거
Schlüssel	열쇠	Tasse	잔, 컵	Postamt	우체국
Donnerstag	목요일	Zigarette	담배	Taxi	택시
Bahnhof	(기차)역	Tasche	가방	Geld	돈
Stadtplan	도시 지도	Arbeitskleidung	작업복	Lieblingsessen	좋아하는 음식
Bleistift	연필	Rechnung	계산서	Fleisch	고기
Urlaub	휴가	Hand	손	Brot	빵
Kuchen	케이크	Speise	음식		
Kaffee	커피	Zeitung	신문		
Tee	차	Kasse	창구		
		Uhr	시간, 시계		
		Musik	음악		
		Mutter	어머니		
		Orange	오렌지		
		(pl.) Freunde	친구들		
		Post	우체국		
		Ferien	방학		

일단 합격하고 오겠습니다

ZERTIFIKAT
DEUTSCH
독일어능력시험
실전모의고사
A1

일 단 합 격 하 고 오 겠 습 니 다

ZERTIFIKAT DEUTSCH

독 일 어 능 력 시 험

A1

실전모의고사

정답 및 해설

일 단 합 격 하 고 오 겠 습 니 다

ZERTIFIKAT
DEUTSCH

독일어능력시험

실전모의고사

미니 핸드북

A1

📖 동양북스

차례 Inhaltsverzeichnis

일 단 합 격 하 고 오 겠 습 니 다

제1회

실전모의고사
스크립트

Hören

Teil 1

MP3 01_01

Was ist richtig?

Kreuzen Sie an: a , b oder c .

Sie hören jeden Text **zweimal**.

Beispiel

Frau	Ach, Verzeihung, wo finde ich Herr Schneider vom Betriebsrat?
Mann	Schneider. Warten Sie mal. Ich glaube, der ist in Zimmer Nummer 254. Ja, stimmt, Zimmer 254. Das ist im zweiten Stock. Da können Sie den Aufzug dort nehmen.
Frau	Zweiter Stock, Zimmer 254. Okay, vielen Dank

Aufgabe 1

Mann	Hallo Leonie, hier ist Tim. Wie geht's dir?
Frau	Gut, danke. Und dir?
Mann	Ganz gut. Ich rufe wegen der Hochzeit von Maria und Simon an. Hast du eine Idee, was wir den beiden schenken könnten?
Frau	Wie wäre es mit Kaffee? Oder trinken sie vielleicht gerne Wein?
Mann	Nö. Die trinken lieber Tee. Vielleicht schenken wir ihnen zwei schöne Tassen. Wie findest du das?
Frau	Oh, das finde ich gut.

Aufgabe 2

Mann Hallo, Julia.

Frau Mensch, Martin! Wo bleibst du denn? Hast du vergessen, dass wir ins Museum gehen wollen? Es ist schon halb elf.

Mann Ja, ich weiß. Ich bin gerade erst raus gekommen. Ich stehe hier an der Bushaltestelle. Was soll ich denn jetzt machen? Sollen wir nächstes mal hingehen?

Frau Was? Die Austellung ist so toll, die wollte ich schon lange sehen. Du nimmst jetzt den Bus zum Zentrumplatz. Ich kaufe die Eintrittskarten und wir treffen uns im Kaufhaus. Ich warte an der Kasse auf dich, okay?

Mann Ja gut, da kommt der Bus, bis gleich!

Aufgabe 3

Hier ist die Reparaturwerkstatt Max Meyer. Unser Telefon ist im Moment besetzt. Sie können eine Nachricht hinterlassen oder Sie können uns unter folgender Telefonnummer 03733 8 00 erreichen.

Aufgabe 4

Frau Ich möchte Geld auf die „Deutsche Bank" überweisen.

Mann Füllen Sie bitte dieses Formular aus.

Frau Ich habe ein Problem. Ich finde die Kontonummer nicht mehr!

Mann	Tut mir leid, dann können wir gar nichts machen.
Frau	Wie lange haben Sie geöffnet? Ich kann vielleicht die Nummer herausfinden.
Mann	Bis halb fünf.
Frau	Ja, das geht. Ich komme sofort wieder, jetzt ist es ja erst halb drei.
Mann	Gut, bis später.

Aufgabe 5

Mann	Ich möchte mit dem Bus nach Düsseldorf fahren. Ist das möglich?
Frau	Ja, das dauert aber lange. Sie können mit der S-bahn fahren, das ist sehr bequem, dann sind Sie in einer Stunde in Düsseldorf. Mit dem Zug geht es sogar noch schneller: nur 40 Minuten, aber der Zug fährt nicht so oft.
Mann	Nein, ich möchte lieber mit dem Bus.
Frau	Wie Sie wollen. Der Bus fährt um 9 Uhr am Hauptbahnhof ab. In einer Stunde und 30 Minuten sind Sie in Düsseldorf.

Aufgabe 6

Herzlichen Glückwunsch! Sie machen Ihre ersten Schritte in eine neue Sprache! In den A1 Deutschkursen für Anfänger lernen Sie, z.B. wenn Sie zum Arzt gehen, einkaufen oder neue Leute treffen. Lernen Sie die wichtigsten Wörter und grammatische Strukturen.

Teil 2

Kreuzen Sie an: Richtig, oder Falsch.
Sie hören jeden Text **einmal**.

Beispiel

Frau Katrin Gundlach, angekommen aus Budapest, wird zum Informationsschalter in die Ankunftshalle C gebeten. Frau Gundlach bitte zum Informationsschalter in die Ankunftshalle C.

Aufgabe 7

Guten Tag, Sie sind verbunden mit der Sprachberatung der VHS Hamburg. Die Sprachberatung ist montags und mittwochs von 13.00 bis 18.00 Uhr.

Aufgabe 8

Besondere Angebote gibt es heute im zweiten Stock: Sportschuhe ab 30 €, T-Shirts für 10 €, Damen-Jeans und Pullover ab 5 €. Im dritten Stock gibt es nach dem Einkauf für die Eltern und Kinder eine kleine Erfrischung. Sie sind herzlich willkommen!

Aufgabe 9

Der Intercity IC 832 aus Bremen, planmäßige Ankunft 13:04 Uhr, hat voraussichtlich 30 Minuten Verspätung. Der Intercity Express ICE 5322 aus Hannover kommt mit 45 Minuten Verspätung auf Gleis 3 an.

Aufgabe 10

Frau Meyer, angekommen mit der Gruppe MTW aus Aachen, kommen Sie bitte sofort zum Ausgang! Der Bus für Ihre Gruppe steht abfahrbereit auf dem Parkplatz. Kommen Sie sofort zum Ausgang. Es wird nur noch auf Sie gewartet!

Teil 3

Was ist richtig?

Kreuzen Sie an: $\boxed{a}$, $\boxed{b}$ oder $\boxed{c}$.

Sie hören jeden Text **zweimal**.

Aufgabe 11

Ich brauche Größe 36. Ich finde diese Schuhe eigentlich sehr schön, aber ich glaube, sie sind ein bisschen eng. Können Sie mir vielleicht noch etwas Anderes zeigen? Ich suche bequeme und elegante Schuhe für meine Arbeit.

Aufgabe 12

Hallo Sara, hier ist Jasmin. Ich bin noch in der Bank. Mein Auto steht vor der Post. Ich komme dich sofort abholen. Treffen wir uns vor dem Buchladen, warte da am Eingang auf mich. Ich bin gleich da.

Aufgabe 13

Hallo Lukas, hier ist Ursula. Bist du fertig mit den Hausaufgaben? Gehst du mit mir einkaufen? Komm doch auch mit, wir wollten in das neue Geschäft in der Hauptstraße gehen. Wir treffen uns um 12 Uhr am Kiosk vor der Uni. Tschüss!

Hören

Aufgabe 14

Liebe Susanne, ich kann dich nun leider nicht abholen, aber du findest bestimmt ein Taxi am Bahnhof. Weißt du die Adresse noch? Wir wohnen in Augsburgerstraße 34, das ist ganz in der Nähe von der Berliner Straße 34. Der Taxifahrer kennt die Straße bestimmt, weil sie ziemlich bekannt ist. Tschüss, ich freue mich auf dich!

Aufgabe 15

Hallo, Maria. Hier ist Jakob. Ich habe jetzt Informationen über unseren Deutschkurs bekommen. Er findet am Dienstag um 10 Uhr statt, nicht im Raum 114 sondern im Raum 214. Da du vermutlich den Raum nicht kennst, werde ich unten am Eingang auf dich warten, o.k.? Auf jeden Fall brauche ich deine Hilfe, weil die Hausaufgaben in Grammatik zu schwer sind.

Sprechen

Teil 1

MP3 01_04

예시 답안

Hallo! Ich bin Anja. Ich bin 20 Jahre alt. Ich komme aus Frankreich aber wohne jetzt in Korea, Seoul. Meine Muttersprache ist Französisch und ich kann ein bisschen Deutsch und Koreanisch sprechen. In der Freizeit mag ich sehr viel reisen. Ich habe schon viele Orte in Europa besucht. Das letzte Mal war ich in München. Es ist wirklich eine schöne Stadt!

Teil 2

MP3 01_05

예시 답안 A

Auto
A Machen Sie eine Reise mit dem Auto?
B Ja, dieses Mal fahre ich in die Berge.

Länder
A Welche Länder möchten Sie besuchen?
B Deutschland und England werde ich besuchen.

Sprechen

Hotel

A In welchem Hotel bleiben Sie?

B Ich übernachte im Hilton Hotel.

Wohin

A Wohin fahren Sie in den Sommerferien?

B Ich fahre nach Paris für eine Woche.

Mit wem...?

A Mit wem wollen Sie reisen?

B Ich will mit meiner Familie reisen.

Stadtplan

A Benutzen Sie einen Stadtplan, wenn Sie reisen?

B Natürlich. Ohne einen Stadtplan ist es schwierig in einer fremden Stadt.

예시 답안 B

Wochenende

A Was machen Sie gern am Wochenende?

B Ich gehe gern spazieren und ins Kino.

Musik

A Ist Musik hören Ihr Hobby?

B Ja, ich höre jeden Tag Musik.

Fußball

A Spielen Sie auch gern Fußball?

B Leider ist es nicht mein Hobby.

Lieblingssport

A Was ist Ihr Lieblingssport?

B Ich spiele gern Basketball.

malen

A Malen Sie gern?

B Ja, wenn ich Freizeit habe, male ich Bilder.

Schwester

A Was ist das Hobby Ihrer Schwester?

B Ihr Hobby ist lesen.

Sprechen

Teil 3

예시 답안 A

1
> **A** Sagen Sie mir welche Tomaten frisch sind!
> **B** Ja, die Tomaten hier sind frisch.

2
> **A** Gehen Sie zum Arzt, wenn Ihre Hand weh tut!
> **B** Ja, das mache ich.

3
> **A** Schenken Sie Ihrer Freundin die Blumen!
> **B** Danke, aber ich habe keine Freundin.

4
> **A** Fragen Sie den Bäcker, was das Brot kostet!
> **B** Ok, ich werde es machen.

5
> **A** Hier darf man nicht rauchen.
> **B** Entschuldigung. Ich habe es nicht gewusst.

6
> **A** Nehmen Sie die Busnummer 103!
> **B** Danke schön für die Information.

예시 답안 B

1
> **A** Öffnen Sie die Tür für die Gäste!
> **B** Das wollte ich machen.

2
> **A** Suchen Sie ein Kino!
> **B** Ja, ich werde es so machen.

3
> **A** Trinken Sie jeden Tag eine Tasse Milch!
> **B** Ja, das ist ein guter Vorschlag.

4
> **A** Geben Sie mir die teure Uhr!
> **B** Hier, bitte schön.

5
> **A** Kaufen Sie einen Stuhl für unter 30 Euro!
> **B** Ja, ich mache es so.

6
> **A** Man darf nicht schnell das Motorrad fahren.
> **B** Das wusste ich nicht.

일 단 합 격 하 고 오 겠 습 니 다

제2회

🔍

실전모의고사
스크립트

Teil 1

MP3 02_01

Was ist richtig?

Kreuzen Sie an: a , b oder c .

Sie hören jeden Text **zweimal**.

Beispiel

Frau	Ach, Verzeihung, wo finde ich Herr Schneider vom Betriebsrat?
Mann	Schneider. Warten Sie mal. Ich glaube, der ist in Zimmer Nummer 254. Ja, stimmt, Zimmer 254. Das ist im zweiten Stock. Da können Sie den Aufzug dort nehmen.
Frau	Zweiter Stock, Zimmer 254. Okay, vielen Dank

Aufgabe 1

Guten Tag, hier ist Cecilia. Ihr wisst ja, am Freitag ist mein Geburtstag, deshalb möchte ich am Samstag eine Party machen. Ich lade euch am Samstag um halb acht bei mir ein. Ist das okay? Ich rufe morgen noch einmal an. Tschüss!

Aufgabe 2

Mann	Ich will am Dienstag nach Berlin.
Frau	Sie können mit dem Zug fahren, das kostet 102 Euro.
Mann	Kann ich von dort nach Köln fliegen?
Frau	Ja. Es gibt einen sehr billigen Flug von Berlin nach Köln.
Mann	Wunderbar, das mache ich! Ich fahre mit dem Auto nach Berlin und dort nehme ich den Flug nach Köln.

Aufgabe 3

Frau	Was meinst du, wird ihr das Kleid da gefallen? Dieses Rot ist doch eigentlich sehr schön, findest du nicht?
Mann	Oh nein, so was mag Linda nicht! Warum schenken wir ihr nicht ein gutes Buch zum Geburtstag?
Frau	Das haben wir doch schon letztes Jahr gemacht, das geht nicht noch einmal. Ich möchte ihr etwas Besonderes schenken.
Mann	Sollen wir ihr vielleicht einen Mantel schenken? Guck mal, den da!
Frau	Nein, der ist viel zu teuer, aber vielleicht die Bluse da. Das ist doch was für Linda!
Mann	Ja, der gefällt ihr bestimmt!

Aufgabe 4

Frau	Entschuldigung, wie komme ich zum „Bene Strand Hotel"?
Mann	Das ist nicht weit von hier, wollen Sie zu Fuß gehen?
Frau	Na ja, mein Koffer ist ziemlich schwer. Wie weit ist es denn zu Fuß?
Mann	Circa 17 Minuten. Sie können natürlich auch ein Taxi nehmen.
Frau	Hmm, ein Taxi...
Mann	Oder Sie können mit der Straßenbahn fahren.
Frau	Das ist eine gute Idee!
Mann	Nehmen Sie die Linie 3. Sie müssen in der Südstrandstraße aussteigen. Am besten fragen Sie den Fahrer.

Aufgabe 5

Frau	Es wird heute eine große Geburtstagsparty, nicht wahr?
Mann	Ja, heute hat Jan Geburstag. Stell dir vor: 18 Kinder kommen zu seiner Party! Wunderbar!
Frau	Mein Sohn, der schon 24 Jahre alt ist, organisiert seine Partys lieber allein. Wie alt ist Jan?
Mann	Er ist jetzt 10.
Frau	Also dann, viel Spaß bei der Geburtstagsparty.

Aufgabe 6

Guten Tag. Hier ist die Volkshochschule der Stadt Rotenberg. Bei uns können Sie jeden Monat einen Sprachkurs anfangen. Die nächsten Termine für den Einstufungstest sind am: 1. Mai und 1. Juni. Weitere Informationen bekommen Sie bei uns am Dienstag und Donnerstag von 18.00 bis 20.00 Uhr.

Hören

Teil 2

MP3 02_02

Kreuzen Sie an: Richtig , oder Falsch .
Sie hören jeden Text **einmal**.

Beispiel

Frau Katrin Gundlach, angekommen aus Budapest, wird zum Informationsschalter in die Ankunftshalle C gebeten. Frau Gundlach bitte zum Informationsschalter in die Ankunftshalle C.

Aufgabe 7

Liebe Kunden. Der Sommer fängt an! Unser Café-Restaurant im dritten Stock bietet Ihnen leckere Salate, Hähnchen und sogar Pizza an. Dazu haben wir auch frische Säfte. Es ist Ihre Wahl. Kommen Sie und genießen Sie.

Aufgabe 8

Guten Tag. Hier ist der Anrufbeantworter der Praxis Dr. Kunzler. Unsere Praxis ist vom 3. bis zum 5. Dezember wegen einer Renovierung geschlossen. Am 6. Dezember haben wir wieder geöffnet. Auf Wiederhören.

Aufgabe 9

Guten Tag. Hier ist der Anrufbeantworter des Bürgerbüros Oberstadt. Sie rufen außerhalb unserer Sprechzeiten an. Geben Sie bitte Ihren Namen, Ihre Telefonnummer. Wir rufen Sie dann so schnell wie möglich zurück. Vielen Dank und auf Wiederhören.

Aufgabe 10

Markus! Erstens will ich ein Kilo Zucker und ein Kilo Salz, zwei Kilo Mehl. Dann bitte ich dich darum, mir zwei Flaschen Tomatensaft und zwei Liter Milch zu geben. Und ich möchte auch zwei Kilo Rindfleisch, zwei Kilo Hühnerfleisch, drei hundert Gramm Käse und ein Kilo Fisch.

Teil 3

Was ist richtig?

Kreuzen Sie an: a , b oder c .

Sie hören jeden Text **zweimal**.

Aufgabe 11

Am Wochenende besucht Nick seine Eltern. Er wollte eigentlich mit dem Auto fahren, aber das ist doch zu stressig für ihn. Deswegen will er entweder den Bus oder den Zug nehmen. Mit dem Bus dauert es 4 Stunden, aber mit dem Zug nur 2 Stunden. Er möchte möglichst schnell ankommen.

Aufgabe 12

Hier ist die Reparaturwerkstatt „Alles klar". Heute ist Mittwoch, der 3. September. Leider können wir morgen nicht zu Ihnen kommen. Wir können aber übermorgen, am Freitagnachmittag bei Ihnen vorbeikommen. Würde das Ihnen passen? Rufen Sie uns bitte auf jeden Fall an!

Aufgabe 13

Hallo Markus, wie geht's? Wir waren doch mit unseren Kindern im Juni im Urlaub. Endlich sind wir fertig mit dem Umzug und wollen im Garten feiern. Wenn das Wetter schlecht ist, feiern wir natürlich im Haus. Hast du Zeit?

Aufgabe 14

Hallo Sarah. Hier ist Frank. Ich war diese Woche nicht in der Schule. Ich musste die ganze Woche im Bett liegen. Ich hatte eine starke Erkältung. Und der rechte Fuß tut mir weh. Aber jetzt geht es mir viel besser.

Aufgabe 15

Hallo Paul. Hier ist Melanie. Wir wollten uns doch heute Abend um 8 im Café „Blume" treffen. Das Café „Blume" hat aber heute geschlossen. Sehen wir uns zuerst bei mir zu Hause. Dann gehen wir zusammen woanders hin. Ruf doch noch mal zurück. Tschüss.

Sprechen

Teil 1

MP3 02_04

예시 답안

Hallo zusammen! Ich heiße Sayo. Ich bin 40 Jahre alt und komme aus Japan. Ich wohne in Tokyo. Ich spreche Japanisch und lerne seit 6 Monaten Deutsch. Ich bin Ärztin, genauer gesagt eine Kinderärztin. Ich mag es im Park zu joggen, wenn das Wetter schön ist.

Teil 2

MP3 02_05

예시 답안 A

Eltern
A Wie alt sind Ihre Eltern?
B Mein Vater ist 54 und meine Mutter ist 50.

Wie groß...?
Wie viele...?
A Wie viele Mitglieder hat Ihre Familie?
B Wir sind 4. Vater, Mutter, einen kleinen Bruder und ich.

Kinder

A Haben Sie Kinder?

B Nein, ich habe keine Kinder.

Urlaub

A Fahren Sie oft mit Ihrer Familie in den Urlaub?

B Jedes Jahr fahren wir einmal zusammen ins Ausland.

---

wohnen

A Wo wohnen Ihre Eltern?

B Meine Eltern wohnen in Busan.

Geschwister

A Haben Sie Geschwister?

B Nein, ich bin ein Einzelkind.

예시 답안 B

Kochen

A Wie oft kochen Sie?

B Ich koche jeden Tag für meine Familie. Meine Pizza schmeckt besonders gut.

Lieblingsgericht

A Was ist Ihr Lieblingsgericht?

B Ich esse gern Sushi im japanischen Restaurant, weil das gut schmeckt.

Frühstück

A Frühstücken Sie regelmäßig?

B Nein, weil ich früh zur Arbeit gehe. Aber wenn ich Hunger habe, frühstücke ich.

Brot

A Essen Sie gern Reis oder lieber Brot?

B Ich esse lieber Brot.

Sonntag

A Essen Sie am Sonntag zu Hause oder draußen?

B Letzte Woche habe ich zu Hause gegessen. In dieser Woche will ich in ein Restaurant gehen.

Restaurant

A Wo ist Ihr Lieblingsrestaurant?

B Es heißt „Tacobell". Dort kann man billig Taco essen.

Teil 3

예시 답안 A

1
A Hier darf man nicht laut telefonieren!   **B** Ja, ich höre auf.

2
A Kümmern Sie sich um Ihre kleine Tochter!   **B** Ja, ich werde es so machen.

3
A Ziehen Sie hier Ihre Schuhe aus!   **B** Ja, ich ziehe sie aus.

4
A Putzen Sie den Stuhl!   **B** Ja, aber ich habe den vor einer Stunde schon geputzt.

5
A Schreiben Sie an die Tafel!   **B** Ja, werde ich machen.

6
A Man darf keine Haustiere mitbringen.   **B** Ja, dann komme ich nächstes Mal wieder.

Sprechen

예시 답안 B

1
A Machen Sie bitte das Licht aus!
B Ja, das mache ich.

2
A Öffnen Sie bitte die Weinflasche!
B Aber die ist schon offen.

3
A Lesen Sie bitte das Englischbuch vor!
B Ja, ich lese vor.

4
A Geben Sie mir ein Stück Kuchen!
B Ja, hier bitte.

5
A Vergessen Sie nicht den Koffer!
B Ja, machen Sie sich keine Sorgen.

6
A Rufen Sie Ihre Eltern an!
B Ja, ich rufe sie heute Abend an.

일 단 합 격 하 고 오 겠 습 니 다

제3회

실전모의고사
스크립트

Hören

MP3 03_01

Teil 1

Was ist richtig?

Kreuzen Sie an: [a], [b] oder [c].

Sie hören jeden Text **zweimal**.

Beispiel

Frau	Ach, Verzeihung, wo finde ich Herr Schneider vom Betriebsrat?
Mann	Schneider. Warten Sie mal. Ich glaube, der ist in Zimmer Nummer 254. Ja, stimmt, Zimmer 254. Das ist im zweiten Stock. Da können Sie den Aufzug dort nehmen.
Frau	Zweiter Stock, Zimmer 254. Okay, vielen Dank

Aufgabe 1

Mann	Guten Tag. Was soll ich Ihnen bringen?
Frau	Ich hätte gern eine Pizza mit Cola.
Mann	Gerne. Hier sind unsere Tagesgerichte für heute. Brauchen Sie noch etwas?
Frau	Oh, das ist noch günstiger. Dann nehme ich davon. Ich nehme dann einen Hähnchen-Salat.
Mann	Ja, gern. Brauchen Sie vielleicht Getränke?
Frau	Nein, danke.

Aufgabe 2

Frau	Ich brauche ein Flugticket nach München. Ich möchte nächste Woche am Mittwoch fliegen. Was kostet das?
Mann	Möchten Sie ein einfaches Ticket oder auch zurück?
Frau	Ist es mit Rückflug billiger?
Mann	Nein, das ist der gleiche Preis: Hin und zurück kosten €390,00 und der einfache Flug kostet die Hälfte.
Frau	Dann nehme ich den einfachen Flug.

Aufgabe 3

Frau	Entschuldigung. Wo kommt denn der Zug aus Bochum an? Der Intercity, der kommt doch jetzt gleich, oder?
Mann	Der Intercity aus Bochum, Ankunft 15.55 Uhr, Einfahrt auf Gleis 15.
Frau	15.55 Uhr auf Gleis 15. Danke schön.

Aufgabe 4

Frau	Gibt es diese Sportschuhe auch in Schwarz?
Mann	Ja, aber die schwarzen sind nicht im Angebot. Die sind also etwas teurer, 115 €.
Frau	Was kosten denn die roten Schuhe?
Mann	89,50 €. Die sind im Angebot.

| Frau | Das ist auch ziemlich viel. Ich weiß nicht... 89,50 €... Kann ich die Schuhe mal sehen? |
| Mann | Ja, gern, ich hole sie sofort. Die sind wirklich sehr schön! |

Aufgabe 5

Mann	Oh wie schade, heute ist das Museum geschlossen! Wann können wir es denn sehen?
Frau	Das Museum ist von Dienstag bis Donnerstag geöffnet, am Vormittag von 9.00 bis 12.00 Uhr.
Mann	Aber wir können nur am Nachmittag kommen.
Frau	Das Museum ist am Mittwoch und am Freitag von 15.00 bis 17.00 Uhr geöffnet.
Mann	Danke, dann kommen wir da wieder.

Aufgabe 6

Diese Nachricht ist für die jungen Leute gedacht. Um 14 Uhr beginnt in unserer Modeabteilung im dritten Stock die Modenschau: Es gibt neue Sommermode für junge Leute. Die neuesten Trends aus New York. Besuchen Sie uns.

Teil 2

Kreuzen Sie an: [Richtig], oder [*Falsch*].
Sie hören jeden Text **einmal**.

Beispiel

> Frau Katrin Gundlach, angekommen aus Budapest, wird zum
> Informationsschalter in die Ankunftshalle C gebeten. Frau Gundlach
> bitte zum Informationsschalter in die Ankunftshalle C.

Aufgabe 7

> Guten Tag, Frau Drakcic, hier spricht Gehlert. Danke für Ihren Anruf.
> Haben Sie Interesse an der Wohnung? Ich zeige sie Ihnen gerne am
> Samstag gegen 10.00 Uhr. Rufen Sie mich doch bitte zurück.

Aufgabe 8

> Das Wetter für heute: In der Nacht werden die Temperaturen auf unter
> 0 Grad sinken. Morgen und am Sonntag scheint die Sonne. Es bleibt
> aber immer noch kalt mit 3 Grad.

Aufgabe 9

Hier noch eine Meldung vom Sport: Heute Abend um 19.30 Uhr findet in der Mercedes-Benz-Arena in Stuttgart das Fußball-Länderspiel Deutschland gegen die Türkei statt. Machen Sie mit!

Aufgabe 10

Ihre neue Brille ist fertig. Kommen Sie doch vorbei in dieser Woche. Wir sind montags bis samstags von 9 bis 12 Uhr und montags bis freitags auch von 14 bis 18 Uhr für Sie da. Am Samstagnachmittag ist unser Geschäft geschlossen.

Teil 3

Was ist richtig?

Kreuzen Sie an: a , b oder c .

Sie hören jeden Text **zweimal**.

Aufgabe 11

Guten Morgen, Frau Kaminski. Ich möchte meinen Sohn entschuldigen. Er ist krank und kann nicht in den Unterricht kommen. Er hat nur eine Erkältung. Aber der Arzt hat gesagt, Deniz soll zwei bis drei Tage zu Hause im Bett bleiben.

Aufgabe 12

Frau Schneider, wie war Ihr Wochenende? Meins war zu kurz. Ich war mit den Kindern im Spielpark in Berlin. Der Eintritt war für jedes Kind 30 €, aber weil meine Freundin dort arbeitet, haben wir die Karten 50% billiger bekommen.

Hören

Aufgabe 13

Hallo, Tina, unser Kurs ist in zwei Wochen zu Ende. Schenken wir unserer Lehrerin etwas. Vielleicht Blumen oder einen Terminkalender? Oder wir könnten ihr ein Hörbuch schenken. Ich finde meine letzte Idee am besten.

Aufgabe 14

Guten Tag, Richard. Hier ist Matias. Ich wollte mit meinem Auto fahren. Aber mein Bruder braucht dringend mein Auto. Mit dem Fahrrad dauert es zu lange. Deshalb habe ich mich entschieden mit dem Zug zu dir zu fahren. Ich hoffe, dass er keine Verspätung hat.

Aufgabe 15

Ich bin Joachim. Ich brauche Informationen über die Rechnungen. Rufen Sie mich zurück unter der Nummer 0180/4556678. Vielen Dank und auf Wiederhören.

Sprechen

Teil 1

MP3 03_04

예시 답안

> Hallo! Ich bin Minsu und bin 18 Jahre alt. Ich komme aus Korea und wohne in Busan. Ich spreche Koreanisch, Englisch und Deutsch. Ich bin Schüler. In meiner Freizeit mag ich es mit meinen Freunden in die Stadt zu gehen. Am Wochenende surfe ich gern im Internet.

Teil 2

MP3 03_05

예시 답안 A

> **Schlafen**
> **A** Wie viele Stunden schlafen Sie für Ihre Gesundheit?
> **B** Ich schlafe normalerweise 8 Stunden.

> **Sport machen**
> **A** Machen Sie regelmäßig Sport?
> **B** Ja, zweimal in der Woche gehe ich schwimmen.

Sprechen

krank sein

A Wann waren Sie krank?

B Letzte Woche hatte ich Kopfschmerzen und Bauchschmerzen.

rauchen

A Rauchen Sie oder haben Sie mal geraucht?

B Ich habe bis jetzt nie geraucht.

Praxis

A Gibt es in der Nähe von Ihrem Haus eine Praxis?

B Ja, es gibt sogar zwei Praxen.

Essen

A Wie essen Sie für Ihre Gesundheit?

B Ich esse für meine Gesundheit viel Obst und Gemüse.

예시 답안 B

Internet

A Lernen Sie auch mit dem Internet?

B Ja, ich sehe gern Filme auf Japanisch und lerne dabei die Sprache.

Sprachen

A Welche Sprache lernen Sie zurzeit?

B Ich lerne jetzt Deutsch und Englisch.

Fach

A Was ist Ihr Fach und wann haben Sie es angefangen?

B Mein Fach ist Medizin und ich studiere es seit 3 Jahren.

Lehrer

A Lernen Sie Deutsch allein oder mit einer Lehrerin?

B Ich lerne einmal in der Woche mit einer Lehrerin. Sie ist prima.

Bücher

A Wie viele Lehrbücher haben Sie beim Deutsch lernen bis jetzt benutzt?

B Ich habe zwei Lehrbücher benutzt.

---

zu Hause sein

A Machen Sie Ihre Hausaufgaben zu Hause oder in der Bibliothek?

B Ich mache sie zu Hause.

Teil 3

(MP3 03_06)

예시 답안 A

1
A Genießen Sie das Fußballspiel!
B Ja, das macht mir immer Spaß.

2
A Geben Sie mir bitte Ihren Ausweis!
B Ja, hier bitte.

3
A Verlieren Sie bitte nicht den Schlüssel!
B Ja, ich werde ihn immer dabeihaben.

4
A Biringen Sie bitte die Kamera mit!
B Ja, ich mache gern Fotos.

5
A Notieren Sie auf das Heft!
B Ja, das mache ich.

6
A Machen Sie die Tür des Kühlschranks nicht auf!
B Ich mache sie nicht auf.

1
> **A** Fahren Sie lieber mit dem Zug!
> **B** Ja, ich fahre mit dem Zug.

2
> **A** Holen Sie bitte den Anzug aus der Reinigung!
> **B** Ja, ich werde es nicht vergessen.

3
> **A** Essen Sie auch den Salat!
> **B** Ja, ich esse ihn.

4
> **A** Man darf hier nicht schwimmen.
> **B** Ja, das weiß ich auch.

5
> **A** Werfen Sie bitte den Müll nicht am Strand weg!
> **B** Ja, natürlich! Man sollte das nicht tun!

6
> **A** Hören Sie oft die Musik-CD!
> **B** Ja, ich höre sowieso gern Musik.

주요 단어
리스트

1회 듣기

	Deutsch	Koreanisch
1	□ abfahrbereit	[a.] 출발 준비가 된
2	□ abholen	[v.] 데리러 오다
3	□ am Eingang	입구에서
4	□ auf dem Parkplatz	주차장에
5	□ ausfüllen	[v.] 작성하다, (부족한 것을) 채우다
6	□ aussteigen	[v.] 하차하다
7	□ bekannt	[a.] 유명한
8	□ besetzt	[a.] 사용 중, 자리가 채워진
9	□ besondere	[a.] 특별한
10	□ brauchen	[v.] 필요하다
11	□ das Angebot	[n.] 제품
12	□ das Buchgeschäft	[n.] 서점
13	□ das Hochzeitsgeschenk	[n.] 결혼 선물
14	□ das Mädchen	[n.] 소녀
15	□ dauern	[v.] (시간이) 걸리다
16	□ der Anfänger	[n.] 초보자
17	□ der Ausgang	[n.] 출구

18	☐ **der Einkauf**	[n.] 구입
19	☐ **der IC**	[n.] 특급열차 (Intercity의 약어)
20	☐ **der ICE**	[n.] 초고속열차 (Intercityexpress의 약어)
21	☐ **der Informationsschalter**	[n.] 안내소, 안내 창구
22	☐ **der Montagnachmittag**	[n.] 월요일 오후
23	☐ **der Pullover**	[n.] 스웨터
24	☐ **der Schritt**	[n.] 발걸음
25	☐ **der Schuh**	[n.] 신발, 구두
26	☐ **der Struktur**	[n.] 구조
27	☐ **der Zentrumplatz**	[n.] 시내광장
28	☐ **der Zug**	[n.] 기차
29	☐ **die Ankunftshalle**	[n.] 도착 대합실
30	☐ **die Arbeit**	[n.] 직업, 일
31	☐ **die Ausstellung**	[n.] 전시
32	☐ **die Bank**	[n.] 은행
33	☐ **die Dame**	[n.] 부인
34	☐ **die Eintrittskarte**	[n.] 입장권
35	☐ **die Eltern**	[n.] 부모
36	☐ **die Erfrischung**	[n.] 가벼운 음식

37	☐ die Größe	[n.] 사이즈
38	☐ die Gruppe	[n.] 그룹
39	☐ die Herrenkleidung	[n.] 남성복
40	☐ die Hochzeit	[n.] 결혼식
41	☐ die Kasse	[n.] 계산대
42	☐ die Kontonummer	[n.] 계좌번호
43	☐ die Leute	[n.] 사람들
44	☐ die Minute	[n.] (시간의 단위) 분
45	☐ die Party	[n.] 파티
46	☐ die Post	[n.] 우체국
47	☐ die Reparaturwerkstatt	[n.] 수리작업장
48	☐ die Sportschuhe	[n.] 운동화
49	☐ die Sprachberatung	[n.] 어학 상담
50	☐ die Tasse	[n.] 찻잔
51	☐ die Uni	[n.] 대학교 (Universität의 구어)
52	☐ die Verspätung	[n.] 연착
53	☐ die Verzeihung	[n.] 실례, 용서
54	☐ die Werbung	[n.] 광고
55	☐ ein bisschen	[a.] 약간의, 소량의
56	☐ einkaufen	[v.] 장보다

57	□ elegant	[a.] 우아한
58	□ eng	[a.] 꼭 끼는, 답답한
59	□ erreichen	[v.] 연락하다
60	□ es gibt	~이 있다
61	□ folgend	[a.] 다음의
62	□ grammatisch	[a.] 문법상의
63	□ haben...geöffnet	[v.] 개점했다 (öffnen의 현재완료)
64	□ haben...vergessen	[v.] 잊었다 (vergessen의 현재완료)
65	□ herausfinden	[v.] 알아내다, 찾아내다
66	□ herzlich	[a.] 진심으로
67	□ in einer Stunde	한 시간 안에
68	□ nach	[prp.] ~후에 (3격 전치사)
69	□ oft	[adv.] 자주
70	□ planmäßig	[a.] 계획대로의
71	□ pünktlich	[a.] 정시에
72	□ schließen	[v.] 닫다
73	□ schneller	더 빠른 (schnell의 비교급)
74	□ sofort	[adv.] 즉시
75	□ stehen	[v.] 서 있다
76	□ überweisen	[v.] 송금하다

77	☐ **verbunden**	[a.] 연결된
78	☐ **vom Betriebsrat**	기업 상담 파트의
79	☐ **voraussichtlich**	[a.] 예상할 수 있는
80	☐ **warten**	[v.] 기다리다
81	☐ **wichtig**	[a.] 중요한
82	☐ **wofür**	[adv.] 무엇 때문에
83	☐ **zum Arzt gehen**	병원에 가다
84	☐ **zusammen**	[adv.] 함께

1회 읽기

	Deutsch	Koreanisch
1	☐ **die Einladung**	[n.] 초대
2	☐ **ab und zu**	가끔
3	☐ **aktuell**	[a.] 현재의
4	☐ **ander**	[a.] 다른
5	☐ **anrufen**	[v.] 전화하다
6	☐ **ansehen**	[v.] 구경하다
7	☐ **da sein**	[v.] 그곳에 있다
8	☐ **danach**	[adv.] 그 다음에
9	☐ **das Getränk**	[n.] 음료, 주류

10	☐ **das Gleis**	[n.] 선로, 게이트
11	☐ **das Hotel**	[n.] 호텔
12	☐ **das Ostern**	[n.] 부활절
13	☐ **das Programm**	[n.] 프로그램
14	☐ **das Rauchen**	[n.] 흡연
15	☐ **das Restaurant**	[n.] 레스토랑
16	☐ **das Schuhgeschäft**	[n.] 신발 가게
17	☐ **das Suchen**	[n.] 검색
18	☐ **das Wochenende**	[n.] 주말
19	☐ **der Bahnhof**	[n.] 중앙역
20	☐ **der Führerschein**	[n.] 면허증
21	☐ **der Geburtstag**	[n.] 생일
22	☐ **der Kaufhof**	[n.] 백화점
23	☐ **der Kellner**	[n.] (남) 웨이터
24	☐ **der Mitarbeiter**	[n.] 함께 일할 사람
25	☐ **der Preis**	[n.] 가격
26	☐ **der Ruhetag**	[n.] 휴무일
27	☐ **der Schiffsfahrplan**	[n.] 선박 운행 시간표
28	☐ **der Straßedienst**	[n.] 도로 서비스
29	☐ **der Wetterbericht**	[n.] 날씨 보고

30	☐ der Wunsch	[n.] 요청, 바라는 것
31	☐ der Zeitungsdienst	[n.] 신문 서비스
32	☐ die Arbeitszeit	[n.] 영업 시간
33	☐ die Bezahlung	[n.] 지급
34	☐ die Dauer	[n.] 걸리는 시간
35	☐ die Ermäßigung	[n.] 할인
36	☐ die Ferienwohnung	[n.] 펜션
37	☐ die Idee	[n.] 아이디어
38	☐ die Insel	[n.] 섬
39	☐ die Küche	[n.] 부엌
40	☐ die Pension	[n.] 펜션
41	☐ die Person	[n.] 사람
42	☐ die Reise	[n.] 여행
43	☐ die Sonderaktion	[n.] 특별 제공
44	☐ die Sonne	[n.] 해
45	☐ die Stadt	[n.] 도시
46	☐ die Stunde	[n.] 시간
47	☐ die Tür	[n.] 문
48	☐ die Verkehrsverbindung	[n.] 교통 연결
49	☐ die Wohnung	[n.] 집, 주택

50	☐ die Zeit	[n.] 시간
51	☐ dringend	[a.] 긴급한
52	☐ einfach	[adv.] 그냥
53	☐ etwas	어떤 것, 무엇
54	☐ feiern	[v.] 파티를 하다
55	☐ flexibel	[a.] 유동성 있는
56	☐ fragen	[v.] 묻다
57	☐ französisch	[a.] 프랑스의
58	☐ geehrt	[a.] 존경하는
59	☐ geografisch	[a.] 지리적인
60	☐ gesamt	[a.] 전체의
61	☐ günstig	[a.] 저렴한
62	☐ haben...erlebt	[v.] 경험했다 (erleben의 현재완료)
63	☐ haben...vorbereitet	[v.] 준비했다 (vorbereiten의 현재완료)
64	☐ halb	[a.] 절반의
65	☐ hoffen	[v.] 바라다
66	☐ hoffentlich	[adv.] 바라건대
67	☐ holen	[v.] 가지고 오다
68	☐ italienisch	[a.] 이탈리아의

69	☐ **kochen**	[v.] 요리하다
70	☐ **mieten**	[v.] 임대하다
71	☐ **mitbringen**	[v.] 가져오다
72	☐ **möbliert**	[a.] 가구가 딸린
73	☐ **natürlich**	[a.] 당연히
74	☐ **nie**	[adv.] ~한 적이 없다
75	☐ **ob**	~인지 아닌지
76	☐ **schon**	[adv.] 이미
77	☐ **schreiben**	[v.] 쓰다
78	☐ **sein...umgezogen**	[v.] 이사 갔다 (umziehen의 현재완료)
79	☐ **sich freuen auf**	[v.] ~고대하다
80	☐ **sonst**	[adv.] 그밖에
81	☐ **supergünstig**	[a.] 매우 저렴한
82	☐ **täglich**	[a.] 매일의
83	☐ **verboten**	[a.] 금지된
84	☐ **wechselnd**	[a.] 교대하는
85	☐ **wunderbar**	[a.] 멋진
86	☐ **zahlen**	[v.] 지불하다

	Deutsch	Koreanisch
1	☐ bleiben	[v.] 머무르다
2	☐ das Bild	[n.] 그림
3	☐ das Brot	[n.] 빵
4	☐ das Deutsch	[n.] 독일어
5	☐ das Französisch	[n.] 프랑스어
6	☐ das Hobby	[n.] 취미
7	☐ das Koreanisch	[n.] 한국어
8	☐ das Motorrad	[n.] 오토바이
9	☐ der Arzt	[n.] 의사
10	☐ der Bäcker	[n.] 빵집 주인, 빵 굽는 사람
11	☐ der Gast	[n.] 손님
12	☐ der Lieblingssport	[n.] 가장 좋아하는 운동
13	☐ der Ort	[n.] 장소
14	☐ der Stadtplan	[n.] 도시 지도
15	☐ der Stuhl	[n.] 의자
16	☐ der Vorschlag	[n.] 제안
17	☐ die Blume	[n.] 꽃
18	☐ die Busnummer	[n.] 버스 번호

19	☐ **die Hand**	[n.] 손
20	☐ **die Information**	[n.] 정보
21	☐ **die Musik**	[n.] 음악
22	☐ **die Muttersprache**	[n.] 모국어
23	☐ **fremd**	[a.] 낯선
24	☐ **frisch**	[a.] 신선한
25	☐ **haben...besucht**	[v.] 방문했다 (besuchen의 현재완료)
26	☐ **haben...gewusst**	[v.] 알고 있었다 (wissen의 현재완료)
27	☐ **hören**	[v.] 듣다
28	☐ **im Sommerferien**	여름 휴가에
29	☐ **in der Freizeit**	여가시간에
30	☐ **in die Bergen**	산으로
31	☐ **ins Kino**	영화관으로
32	☐ **letzt**	[a.] 마지막의
33	☐ **malen**	[v.] 그림으로 그리다
34	☐ **mit wem**	누구와 함께
35	☐ **öffnen**	[v.] 열다
36	☐ **reisen**	[v.] 여행하다
37	☐ **sagen**	[v.] 말하다
38	☐ **schenken**	[v.] 선물하다

39	☐ **schnell**	[a.] 빠르게
40	☐ **schwierig**	[a.] 어려운
41	☐ **spazierengehen**	[v.] 산책하다
42	☐ **teuer**	[a.] 비싼
43	☐ **trinken**	[v.] 마시다
44	☐ **übernachten**	[v.] 숙박하다
45	☐ **unter**	[prp.] ~아래로
46	☐ **wirklich**	[a.] 정말
47	☐ **wohin**	[adv.] 어디로
48	☐ **wussten**	[v.] ~을 알았다 (wissen의 과거)

2회 듣기

	Deutsch	Koreanisch
1	□ anbieten	[v.] 제공하다
2	□ anfangen	[v.] 시작하다
3	□ anrufen	[v.] 전화하다
4	□ auf jeden Fall	반드시
5	□ außer	[prp.] (무엇의) 이외에, 밖에
6	□ bekommen	[v.] 받다
7	□ übermorgen	[adv.] 모레
8	□ besser	[a.] 더 좋은
9	□ bestimmt	[adv.] 확실히
10	□ das Geburtstagskind	[n.] 생일을 맞이한 아이
11	□ das Geschenk	[n.] 선물
12	□ das Hähnchen	[n.] 치킨
13	□ das Kilo	[n.] 킬로 (킬로그램의 약자)
14	□ das Mehl	[n.] 밀가루
15	□ das Salz	[n.] 소금
16	□ das Verkehrsmittel	[n.] 교통수단
17	□ das Wetter	[n.] 날씨

18	□ **das Wiederhören**	[n.] (전화나 라디오 끝날 때 하는 인사) 안녕히 계세요
19	□ **der Anrufbeantworter**	[n.] 자동응답기
20	□ **der Einstufungstest**	[n.] 배정 시험
21	□ **der Fisch**	[n.] 생선
22	□ **der Flug**	[n.] 비행기
23	□ **der Garten**	[n.] 정원
24	□ **der Käse**	[n.] 치즈
25	□ **der Mantel**	[n.] 코트
26	□ **der Saft**	[n.] 주스
27	□ **der Spaß**	[n.] 즐거움
28	□ **der Sprachkurs**	[n.] 어학 강좌
29	□ **der Strand**	[n.] 비치, 해변
30	□ **der Termin**	[n.] 일정
31	□ **der Tomatensaft**	[n.] 토마토 주스
32	□ **der Umzug**	[n.] 이사
33	□ **der Urlaub**	[n.] 휴가
34	□ **der Zucker**	[n.] 설탕
35	□ **deshalb**	그래서
36	□ **die Erkältung**	[n.] 감기

37	☐ die Flasche	[n.] 병
38	☐ die Milch	[n.] 우유
39	☐ die Pizza	[n.] 피자
40	☐ die Renovierung	[n.] 수리
41	☐ die Sprechzeit	[n.] 면담 시간
42	☐ die Straßenbahn	[n.] 전차, 트램
43	☐ die Volkshochschule	[n.] 평생교육원
44	☐ die Wahl	[n.] 선택
45	☐ dort	[adv.] 거기에서
46	☐ eigentlich	[adv.] 원래
47	☐ einladen	[v.] 초대하다
48	☐ endlich	[adv.] 드디어
49	☐ entweder A oder B	A 아니면 B
50	☐ er Aufzug	[n.] 엘리베이터
51	☐ etwas Besonderes	무엇인가 특별한
52	☐ fliegen	[v.] 비행하다
53	☐ gefallen	[v.] (누구에게) 마음에 들다
54	☐ genießen	[v.] 즐기다
55	☐ geschlossen	[a.] 닫힌
56	☐ glauben	[v.] 생각하다, 믿다

57	□ haben...gemacht	[v.] 했다 (machen의 현재완료)
58	□ hatten	[v.] 가졌다 (haben의 과거)
59	□ hinterlassen	[v.] 남기다
60	□ Hühncherfleisch	[n.] 닭고기
61	□ im dritten Stock	3층에서 (한국식 4층)
62	□ jeden Monat	매달
63	□ lecker	[a.] 맛있는
64	□ letztes Jahr	지난 해
65	□ möglichst	[a.] 가능한 한
66	□ mussten	[m.v] ~해야만 했다 (müssen의 과거)
67	□ nehmen	[v.] 타다, 잡다
68	□ nur	[adv.] ~만, 오직
69	□ organisieren	[v.] 계획하다
70	□ passen	[v.] (~에게) 알맞다
71	□ Rindfleisch	[n.] 소고기
72	□ schwer	[a.] 어려운
73	□ sich vorstellen	[v.] 상상하다
74	□ so schnell wie möglich	가능한 한 빠르게
75	□ stark	[a.] 심한
76	□ stressig	[a.] 스트레스를 주는

77	□ vorbeikommen	[v.] 들르다
78	□ wahr	[a.] 사실인
79	□ warum	[adv.] 왜
80	□ wegen	[prp.] ~때문에
81	□ wie weit	얼마나 먼
82	□ wieder	[adv.] 다시
83	□ woanders	[adv.] 어딘가 다른 곳에서
84	□ womit	~을 타고
85	□ ziemlich	[adv.] 꽤
86	□ zu Fuß	걸어서
87	□ zurückrufen	[v.] 다시 연락하다

2회 읽기

	Deutsch	Koreanisch
1	□ am Vormittag	오전에
2	□ ankommen	[v.] 도착하다
3	□ ärgerlich	[a.] 화나게 하는
4	□ as Theater	[n.] 극장
5	□ außerdem	[adv.] 그밖에도
6	□ besorgen	[v.] 구매하다

7	☐ billig	[a.] 저렴한
8	☐ brauchen	[v.] 필요하다
9	☐ das Altgerät	[n.] 오래된 기계
10	☐ das Kino	[n.] 영화관
11	☐ das Klima	[n.] 기후
12	☐ das Mittagsgericht	[n.] 점심 메뉴
13	☐ das Notebook	[n.] 노트북
14	☐ das Stück	[n.] 한 개 (독립되어 있는 개수를 나타냄)
15	☐ das Tablet	[n.] 태블릿
16	☐ das Umsteigen	[n.] 환승
17	☐ der Brief	[n.] 편지
18	☐ der Busverkehr	[n.] 버스 운행
19	☐ der Drucker	[n.] 인쇄기
20	☐ der Film	[n.] 영화
21	☐ der Hals	[n.] 목
22	☐ der Kurier	[n.] 가지고 오는 사람
23	☐ der Motorroller	[n.] 스쿠터
24	☐ der Silvesterabend	[n.] 한 해의 마지막 밤
25	☐ der Sonderpreis	[n.] 특가

26	☐ **der Treffpunkt**	[n.] 만나는 장소
27	☐ **der Umsteigebahnhof**	[n.] 환승역
28	☐ **der Verkauf**	[n.] 판매
29	☐ **der Wetterdienst**	[n.] 날씨 서비스
30	☐ **die Änderung**	[n.] 변동
31	☐ **die Dinge**	[n.] 지칭하기 어려운 사물
32	☐ **die Hilfe**	[n.] 도움
33	☐ **die Krankheit**	[n.] 질병
34	☐ **die Nachricht**	[n.] 소식
35	☐ **die Nase**	[n.] 코
36	☐ **die Neueröffnung**	[n.] 신규 오픈
37	☐ **die Praxis**	[n.] 개인 병원
38	☐ **die Reparatur**	[n.] 수리
39	☐ **die Sehenswürdigkeit**	[n.] 명소
40	☐ **die Software**	[n.] 소프트웨어
41	☐ **die Sprechstunde**	[n.] 면담 시간
42	☐ **die Umweltinfo**	[n.] 환경 정보
43	☐ **die Videothek**	[n.] 비디오 대여점
44	☐ **die Vorlesung**	[n.] 낭송, 낭독
45	☐ **die Warnung**	[n.] 경고

46	□ die Zutate	[n.] 재료, 성분
47	□ eillig	[a.] 서둘러야 할
48	□ ein paar Tipps	몇 가지 팁
49	□ frühstücken	[v.] 아침 식사 하다
50	□ geben	[v.] 주다
51	□ gebracht	[p.a] 가지고 오는
52	□ genau	[adv.] 정확히
53	□ geöffnet	[a.] 열려 있는
54	□ immer	[adv.] 항상
55	□ in allen Preisklassen	모든 가격대의
56	□ in Köln	쾰른에서
57	□ inkl.	~을 포함하여 (inklusive의 약자)
58	□ kaputt	[a.] 고장 난
59	□ kaufen	[v.] 사다, 구입하다
60	□ klicken	[v.] 클릭하다
61	□ (pl.) Klimadaten	[n.] 기후 데이터
62	□ langsam	[adv.] 서서히
63	□ mit dem Zug	기차를 타고
64	□ müssen	[v.] ~해야만 한다
65	□ neu	[a.] 새로운

66	☐ oft	[adv.] 자주
67	☐ preisgekrönt	[a.] 수상한, 상을 받은
68	☐ probieren	[v.] 맛보다
69	☐ professionell	[a.] 전문적인
70	☐ regional	[a.] 현지의, 지역의
71	☐ sehen	[v.] 보다
72	☐ sich auskennen	[v.] ~에 대하여 잘 알다
73	☐ solch	이런
74	☐ speziell	[adv.] 특별히
75	☐ stattfinden	[v.] 열리다, 개최하다
76	☐ suchen	[v.] 찾다
77	☐ um halb neun	8시 반
78	☐ um...zu	~하기 위해서
79	☐ vielleicht	[adv.] 혹시
80	☐ weil	왜냐하면
81	☐ weiter	[adv.] 더 이상
82	☐ welch	[prn.] 어느
83	☐ werden...geliefert	[v.] 배달되다 (liefern의 수동태)
84	☐ werden...repariert	[v.] 수리되다 (reparieren의 수동태)
85	☐ zuverlässig	[adv.] 확실하게

	Deutsch	Koreanisch
1	□ schreiben	[v.] 적다
2	□ (pl.) die Eltern	[n.] 부모
3	□ aufhören	[v.] 그만두다
4	□ ausmachen	[v.] ~을 끄다
5	□ ausziehen	[v.] 벗다
6	□ das Ausland	[n.] 외국
7	□ das Doppelzimmer	[n.] 더블룸
8	□ das Einzelkind	[n.] 외동
9	□ das Einzelzimmer	[n.] 1인실
10	□ das Geschwister	[n.] 형제, 자매
11	□ das Gleis	[n.] 게이트, 레일
12	□ das Haustier	[n.] 애완동물, 가축
13	□ das Lieblingsgericht	[n.] 가장 좋아하는 요리
14	□ das Lieblingsrestaurant	[n.] 가장 좋아하는 식당
15	□ das Mitglied	[n.] 구성원
16	□ das Wasser	[n.] 물
17	□ das Zimmer	[n.] 방, 객실
18	□ der Antwortbogen	[n.] 해답지

19	☐ **der Ausflug**	[n.] 소풍
20	☐ **der Fernseher**	[n.] 텔레비전
21	☐ **der Hauptbahnhof**	[n.] 중앙역
22	☐ **der Koffer**	[n.] 여행용 가방
23	☐ **die Abreise**	[n.] 출발
24	☐ **die Kamera**	[n.] 카메라
25	☐ **die Lösung**	[n.] 답
26	☐ **die Sorge**	[n.] 걱정, 염려
27	☐ **die Unterschrift**	[n.] 서명, 사인
28	☐ **die Weinflasche**	[n.] 와인 병
29	☐ **die Woche**	[n.] 주
30	☐ **genauer gesagt**	더 정확하게 말하면
31	☐ **haben...gegessen**	[v.] 먹었다 (essen의 현재완료)
32	☐ **haben...geputzt**	[v.] 닦았다 (putzen의 현재완료)
33	☐ **in dieser Woche**	이번 주에
34	☐ **japanisch**	[a.] 일본의
35	☐ **lernen**	[v.] 배우다
36	☐ **lieber**	[a.] 더 즐겨 (gern의 비교급)
37	☐ **mieten**	[v.] 빌리다
38	☐ **reservieren**	[v.] 예약하다

39	□ sich kümmern um	[v.] 돌보다
40	□ sich treffen	[v.] 만나다
41	□ tragen	[v.] ~을 입다, 신다
42	□ vergessen	[v.] 잊다
43	□ vorlesen	[v.] 읽다, 낭독하다
44	□ wie viele	얼마나 많은

3회 듣기

	Deutsch	Koreanisch
1	☐ am Nachmittag	오후에
2	☐ das Basketballspiel	[n.] 농구 시합
3	☐ das Getränk	[n.] 음료, 주류
4	☐ das Hörbuch	[n.] 오디오북
5	☐ das Länderspiel	[n.] 국제경기
6	☐ das Museum	[n.] 박물관
7	☐ das Tagesgericht	[n.] 오늘의 메뉴
8	☐ das Ticket	[n.] 티켓
9	☐ der einfache Flug	[n.] 편도 항공
10	☐ der Kalender	[n.] 스케줄러
11	☐ der Rückflug	[n.] 돌아오는 항공
12	☐ der Sport	[n.] 스포츠
13	☐ der Trend	[n.] 트렌드, 추세
14	☐ der Unterricht	[n.] 수업
15	☐ die Ankunft	[n.] 도착
16	☐ die Brille	[n.] 안경
17	☐ die Durchsage	[n.] 안내방송
18	☐ die Einfahrt	[n.] 입차, 입선

19	☐ die Hälfte	[n.] 절반
20	☐ die Meldung	[n.] 소식
21	☐ die Modeabteilung	[n.] 패션 부서
22	☐ die Modenschau	[n.] 패션쇼
23	☐ die Rechnung	[n.] 계산
24	☐ die Sommermode	[n.] 여름 패션
25	☐ die Türkei	[n.] 터키
26	☐ die Turnschuhe	[n.] 운동화
27	☐ ein einfaches Ticket	[n.] 편도 티켓
28	☐ gegen	[prp.] ~를 상대로
29	☐ geschlossen	[a.] 닫힌
30	☐ haben...angerufen	[v.] 전화했다 (anrufen의 현재완료)
31	☐ haben...bekommen	[v.] 받았다 (bekommen의 현재완료)
32	☐ hin und zurück	왕복
33	☐ Ich hätte gern	~을 주문하다
34	☐ im Angebot	할인 중
35	☐ im Spielpark	놀이동산에서
36	☐ immer noch	여전히, 아직도
37	☐ fliegen	[v.] 비행하다
38	☐ noch günstiger	더 저렴한

39	☐ schade	[a.] 유감스러운
40	☐ scheinen	[v.] 비치다
41	☐ schwarz	[a.] 검은색의
42	☐ sich entschuldigen	[v.] 사과하다
43	☐ sich haben...entschieden	[v.] 결정했다 (sich entscheiden의 현재완료)
44	☐ sinken	[v.] 떨어지다
45	☐ teurer	[a.] 더 비싼 (teuer의 비교급)
46	☐ ziemlich	[a.] 꽤
47	☐ zurückrufen	[v.] 다시 전화하다

3회 읽기

	Deutsch	Koreanisch
1	☐ attraktiv	[a.] 매력적인
2	☐ (pl.)Bauarbeiten	[n.] 건설 작업, 토목공사
3	☐ bequem	[a.] 편안한
4	☐ bis bald	곧 만나자
5	☐ das Abendbuffet	[n.] 저녁 뷔페
6	☐ das Abendprogramm	[n.] 저녁 프로그램
7	☐ das Angebot	[n.] 제공

8	□ **das Datum**	[n.] 날짜
9	□ **das Fachbuch**	[n.] 전문 서적, 전공 서적
10	□ **das Sachbuch**	[n.] 실용 서적
11	□ **das Schulbuch**	[n.] 교과서
12	□ **das Ticketservice**	[n.] 티켓 서비스
13	□ **der Bauernhof**	[n.] 농장
14	□ **der Buchladen**	[n.] 서점
15	□ **der Kontakt**	[n.] 연락, 관계
16	□ **der Leseräum**	[n.] 독서실
17	□ **der Sondertarif**	[n.] 특별 할인 요금
18	□ **der Tourist**	[n.] 관광객
19	□ **der Vorverkauf**	[n.] 예매
20	□ **der Weinberg**	[n.] 포도밭
21	□ **die Aktivität**	[n.] 활동
22	□ **die Bahn**	[n.] 철도
23	□ **die Bahnhofshalle**	[n.] 기차역 광장
24	□ **die Buchung**	[n.] 예약
25	□ **die Feriensprachkurse**	[n.] 방학 어학 강좌
26	□ **die Geschäftsreise**	[n.] 출장
27	□ **die Hauptstadt**	[n.] 수도

28	☐ die Hotelreservierung	[n.] 호텔 예약
29	☐ die Interesse	[n.] 흥미
30	☐ die Karte	[n.] 티켓
31	☐ die Schiffreise	[n.] 유람선 여행
32	☐ die Serviceleistung	[n.] 서비스 성능
33	☐ die Sonntagnacht	[n.] 일요일 밤
34	☐ die Stadtrundfahrt	[n.] 시티투어
35	☐ die Stufe	[n.] 단계
36	☐ die Tagesfahrt	[n.] 당일 여행
37	☐ die Tischreservierung	[n.] 테이블 예약
38	☐ die Wanderung	[n.] 도보 여행
39	☐ durch	[prp.] ~지나서
40	☐ bestellen	[v.] 주문하다
41	☐ Haltestelle	[n.] 정류장
42	☐ im Herbst	가을에
43	☐ jeder Zeit	언제나
44	☐ kennenlernen	[v.] 알게 되다
45	☐ kulturell	[a.] 문화적인, 문화상의
46	☐ mehr	[prn.] 더 많은
47	☐ online	온라인

48	□ pro	~마다
49	□ sich melden	[v.] 등록하다
50	□ unter der Woche	평일에
51	□ unternehmen	[v.] 계획하다
52	□ verlegen	[v.] 이전하다, 움직이다
53	□ von zu Hause	집에서
54	□ vorbereiten	[v.] 준비하다

3회 쓰기, 말하기

	Deutsch	Koreanisch
1	□ fahren	[v.] 타다
2	□ am Strand	해변가에
3	□ anmelden	[v.] 등록하다
4	□ bringen	[v.] 가져오다
5	□ dabeihaben	[v.] 가지고 있다
6	□ das Fach	[n.] 전공, 전문 분야
7	□ das Formular	[n.] 양식, 서식
8	□ das Gemüse	[n.] 채소
9	□ das Heft	[n.] 공책
10	□ das Lehrbuch	[n.] 교재

11	☐ der Anzug	[n.] 정장
12	☐ der Ausweis	[n.] 신분증
13	☐ der Kopfschmerzen	[n.] 두통
14	☐ der Kühlschrank	[n.] 냉장고
15	☐ der Mitgliedsbeitrag	[n.] 회비
16	☐ der Salat	[n.] 샐러드
17	☐ der Schlüssel	[n.] 열쇠
18	☐ die Gesundheit	[n.] 건강
19	☐ die Medizin	[n.] 의학
20	☐ die Reinigung	[n.] 세탁소
21	☐ fehlend	[a.] 부족한
22	☐ haben...angefangen	[v.] 시작했다 (anfangen의 현재완료)
23	☐ haben...benutzt	[v.] 사용했다 (benutzen의 현재완료)
24	☐ immer	[adv.] 항상
25	☐ in der Nähe	근처에
26	☐ krank	[a.] 아픈
27	☐ machen	[v.] ~하다
28	☐ mögen	[m.v] 좋아하다
29	☐ notieren	[v.] 기입하다
30	☐ rauchen	[v.] 흡연하다

31	☐ schlafen	[v.] 자다
32	☐ sogar	[adv.] 게다가
33	☐ sowieso	[adv.] 어차피
34	☐ sprechen	[v.] 말하다
35	☐ studieren	[v.] 대학 공부 하다
36	☐ verlieren	[v.] 잃어버리다
37	☐ wegwerfen	[v.] 버리다, 내던져 버리다
38	☐ wissen	[v.] 알다
39	☐ wohnen	[v.] 살다
40	☐ zweimal	두 번

파이널

오답 체크북

본문 학습을 하면서 오답과 정답, 핵심 내용을 정리합니다.

몰라서 틀리는 게 아니라 방심해서 틀리는 것!

시험장에서 마지막으로 정리할 때 활용해 보세요.

❌ 오답

⭕ 정답

핵심요약 ✏

❌ 오답 💡

⭕ 정답 💡

핵심요약 ✏️

_____

_____

_____

_____

❌ 오답

⭕ 정답

핵심요약 ✏

❌ 오답

⭕ 정답

핵심요약 ✏️

❌ 오답

⭕ 정답

핵심요약 ✏

● 공부한 날짜: _____ 월 _____ 일

❌ 오답

⭕ 정답

핵심요약 ✏

❌ 오답

⭕ 정답

핵심요약 ✏️

_____

_____

_____

_____

❌ 오답

⭕ 정답

핵심요약 ✏

⊗ 오답

◎ 정답

핵심요약 ✎

_____

_____

_____

_____